# 抱きしめて看《み》取《と》る理由

## 自宅での死を支える「看取り士」という仕事

荒川　龍



ワニブックス
PLUS新書

# 序章　温かくて幸せな死の時間をつくり出す人たち

「愛してる」

そんな一言を残したと、歌舞伎役者の市川海老蔵は妻の麻央（旧姓・小林）の最期について、目を充血させながらも記者会見で気丈に話していた。２０１７年６月23日のことだった。海老蔵の話によると、２人の子供たちは同日朝も横になった母親の顔を触ったり、足をさすったりしていたという。

34歳の若さで夫と２人の小さな子供を残して逝《い》く。そんな過酷な人生にあって彼女が闘病する姿を公表し、強い気持ちも弱る気持ちも率直に語った個人ブログは国内外で大きな反響を呼んだ。最期は住み慣れた自宅で家族に看取《みと》られて彼女は逝った。

翌月18日には、高齢者の星と呼ばれた日野原重明・聖路加国際病院名誉院長も、延命治療を望まず、同居する次男夫婦に看取られて旅立った。享年１０５歳だった。

「死は暗くて怖いもの」

「人は病院で死ぬもの」

私たちの心に巣食ってきたそんなマイナスな先入観を、この２人によって大きく揺さぶられた人も多いはずだ。今年は病院で死ぬ人が自宅で死ぬ人より多くなって41年目。それ以前は８割の人が住み慣れた自宅で家族に見守られながら逝くことができた時代もあった。

だが２０１７年の日本では簡単ではない。病院で逝く人が約75%なのに、自宅での死は約13%に過ぎない（厚生労働省２０１４年「人口動態調査」）。

一方、人数はまだ少ないながらも、人生最期の２週間程度は自宅で家族と過ごして、大病院のうら寂しい裏口ではなく、狭くても自宅玄関から肉親を堂々と送り出してやりたいと考える人たちは近年増えている。背景には病院のベッドで寝たきりで、口さえきけない状態で生かされつづける延命治療への生理的な嫌悪感があることは間違いない。

自宅での看取りを本人や家族から依頼されて余命告知から納棺までに寄り添い、本人の死への恐怖をやわらげ、家族の不安に対応する「看取《みと》り士」という人たちがいる。市川家のようなセレブ家庭でなくても割安に依頼できる。あまり知られていないだけだ。

冒頭の市川家の子供たちのように、看取り士は生前から逝去後数日間の人の顔から背中までを家族が触ったり抱きしめたりしながら、まだ温かい身体を通していのちのエネルギーを受けとり、「ありがとう」や「愛している」と伝えるようにうながして、温かくて幸せな時間をつくり出す。

「父さんの息子に生まれてよかったよ、ありがとう」とつぶやく定年目前の息子。

「あなた、死んでも愛していますよ」とつかの間正気に戻り父に呼びかける認知症の母。

看取ることを拒んでいた70歳過ぎの息子が、最初は母の小指1本だけを渋々つまんでいたかと思うと、突然大声を上げて泣き出して抱きしめることさえある。

2012年に一般社団法人「日本看取り士会」を設立して会長を務め、自身も現役の看取り士である柴田久美子（62歳・以降は「柴田」と表記）によると、看取りの時間に家族の口から語られる物語はどれもハッピーエンドの映画みたいだという。それは故人が生涯でもっとも輝いていた頃の話が多くなるためだ。

私は取材の一環として、同会が主催する看取り士養成講座上級編の座学と看取り実習を体験させていただいた。靴を脱いで現役看取り士の左太ももの上に頭を載せてヨガマットに仰向《あおむ》けに寝る。看取り士の女性が私と呼吸を合わせてくれる一方で、他の参加者が私の手足を手でさすりながら、「ありがとう」「お疲れ様」などと声をかけてくれる。

わずか3分ほどだったはずだが今は亡き母親と過ごした赤ん坊から3歳頃までの、手の温もりが身近だった時代にタイムトリップしたような無防備で心地いい時間だった。蚕《かいこ》が吐き出す絹糸でできた繭《まゆ》にでも包まれたような感覚で、これだったら死ぬことはさほど暗くも、怖くもないのかもしれないとうっすら体感できた。「お母さんの子宮に戻ったみたい！」と、少し上気した顔をほころばせる60代の女性もいた。

――「抱きしめて看取る理由」の世界へようこそ。

荒川　龍

目次

## 第5章 「残念な敗北」から「大切な締めくくり」へ

第1章

# 「いのちのバトン」を受けとる

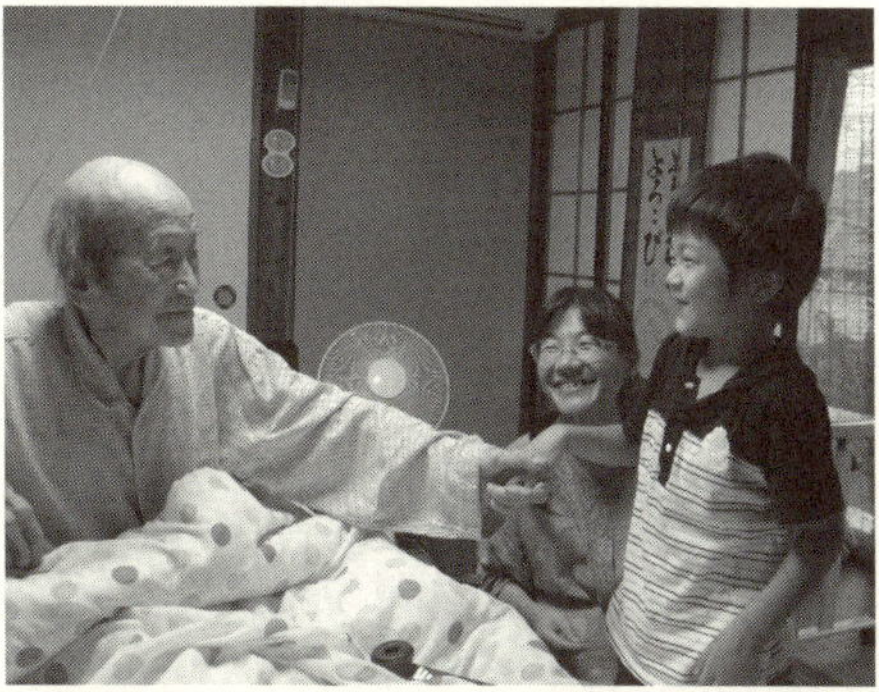

隠岐の離島から米子市に移った看取りの家で柴田の孫と握手をする入居者

年間死亡者数が160万人を超える2030年は
病院でも施設でも死ねない看取り難民が
推計47万人と言われる。
41年前までは常識だった自宅で亡くなること。
かつての温かくて幸せな死の文化を取り戻し、
肉親のいのちのエネルギーを受けとって
より前向きに生きていくとは、
いったいどういうことなのか。

## 古くて新しい「看取り士」という仕事

看取り士の柴田久美子は、小学6年生のときに最愛の父を失っている。自宅での厳粛な空気の中での看取りだったという。

「現在のようにスピードと効率最優先で、人間の幸せが後回しにされてしまう世の中にこそ、延命治療でただ生かされるのではなく、自分で決めた尊厳ある最期と、住み慣れた自宅で家族に看取られる文化を私は取り戻したいと思っています。死はけっして暗くて怖いものではなくて、逝く人にとっては愛されていると感じて旅立てる温かくて幸せな瞬間であり、家族にとっては肉親のいのちのエネルギーを受けとる前向きな経験だからです」

柴田は日本看取り士会の設立理由をそう説明する。

彼女が高齢者たちのその胸に抱きしめて看取る活動を始めて今年で16年目。看取り士と名乗るようになって6年目だ。私も柴田の講演会などに5回参加したが、いずれも80名から100名ほどの参加者で会場はほぼ埋まり、中高年女性を中心に、医療関係者や

**図① 医療機関における死亡割合の年次推移**

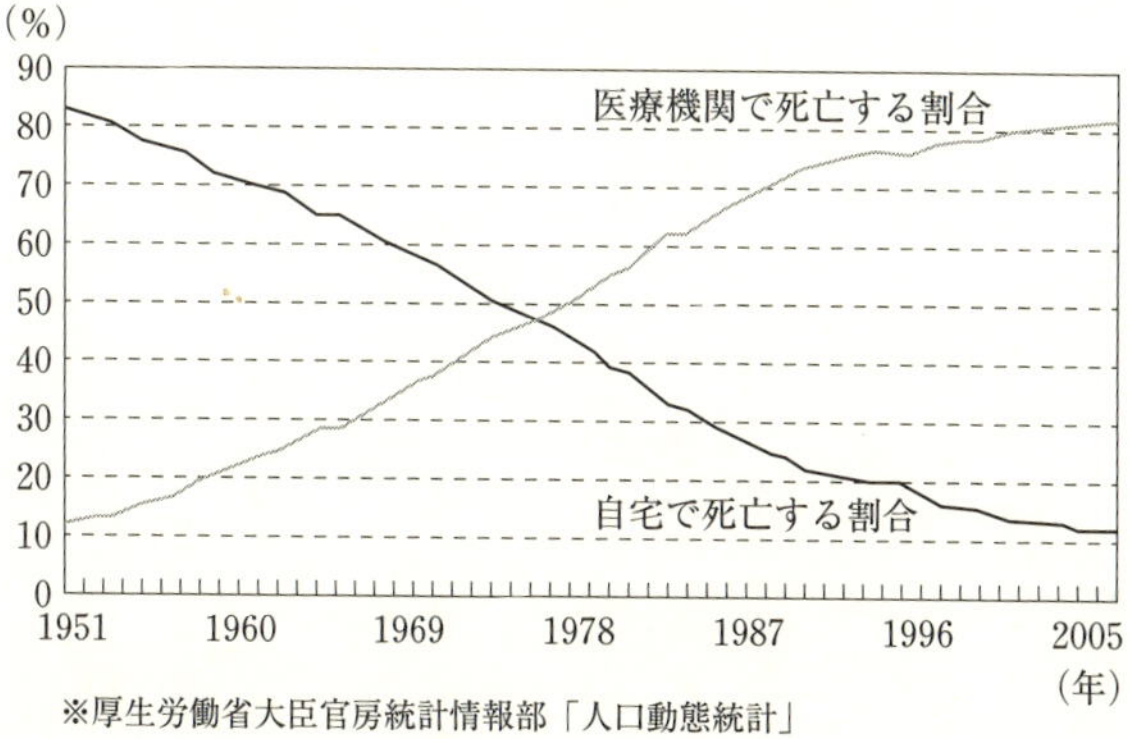


※厚生労働省大臣官房統計情報部「人口動態統計」

高齢な母と娘といった組み合わせが目につく。

自宅死は1940年代には現在の病院死並みの80%台だったが、高度経済成長期の都市化や、核家族化の中で減少の一途をたどり、1973年の老人医療費の無料化で病院死が飛躍的に増加して現在に至っている。病院死が80%を超えるのはノルウェー・カナダ・日本などで、アメリカ・イギリス・ドイツは50%前後で推移。病院で死ぬことは世界の常識ではけっしてない。

自宅での看取りが当たり前だった時代に、看取り士という仕事はなかった。

だが、病院死が8割を超える時代が長くつづいた今、本人がいくら自宅での最期を望んでも、家族にはそれを実現するための知識やノウハウが失われている。また、「人間は死んだらゼロになる」という死生観もある中で、もっと前向きな死生観と、幸せに看取るための知識やノウハウを提供できる看取り士という仕事を普及させることで、自宅で看取る文化を復活させたいと柴田は考えている。いわば、古くて新しい仕事だ。

## 人は一人では死ねない

自分の人生をどんな形で終えるのか。

そんな縁起でもないことはあまり考えたくないという人が多いだろう。一方で、エンディングノートの流行など昨今の「終活」人気は、高齢化が急速に進む社会で自分らしい人生の終え方への強い関心も示している。

誰もが死ぬ直前まで健康に暮らして、心筋梗塞などで突然コロリと亡くなるというPPK（ピンピンコロリ）願望も根強い。これぞ効率主義の最たるものだが、実際にそれを実践できるのは5％という数値を耳にしたことが以前ある。

逆に言えば残りの95％の人は、最後は病院か、老人施設のお世話になっているわけだ。やはり、自分なりの人生の幕の下ろし方を考えておいたほうがいいだろう。ちなみに先のPPKに対して、寝たきりをNNK（ネンネンコロリ）という言い方もあるらしいが日本放送協会の通称と似ていてまぎらわしい。

看取り士の柴田によると、彼女の講演会に来るような人たちでさえ、自分の最期についての想像力はかなり乏しいと苦笑しながら指摘する。

「運よくPPKの5％に入れたとしても、死んでから棺桶《かんおけ》まで自分の足で歩いて行けるような器用な人はいませんよね。残念ながら、そんな単純なことさえわかっていない人のほうが多い。ただ漠然と、自分は一人でも死ねるだろうと思っているのです。だが人は一人で生きられないように、一人では死ねないんですよ」

それがわかると、自分らしい死に方を考えるには誰か信頼できる人に協力してもらう必要があることもわかってくる。

## 60歳になったら死ぬ準備をする

「死に方には、その人の生き方や人生観がはっきりと表れます。ですから、葬儀で使う自分の遺影を事前に準備するのと同じように、60歳になったら、自分らしく死ぬためにそれ相応の準備をするべきだと私は思います。日本人の平均寿命が80歳を超える今、60歳で死ぬ準備は少し早すぎるのではないか？　と疑問に思われる方がいるかもしれません。それは死と生が別々のものだと考える方で、死ぬことへの心構えをつくることは、60歳から生きることへの心構えを明確にすることでもあります」

柴田はきっぱりとそう断言する。

彼女自身、60歳でエンディングノートをひと通り書き終えてから、一人娘との間ですり合わせを始めた。一人では死ねないのだから、自分が思い描く死に方を実現するには、看取ってくれる人の理解と協力が欠かせない。また、家族にもそれぞれ親に対する愛情や思いがあるから、お互いにそのすり合わせが必要になる。

笑い話がある。自宅で看取る文化を復活させようと取り組む柴田の一人娘はなんと、

「お母さんには簡単に死んでほしくないから、私は延命治療を病院にお願いする」

当初はそう話していたという。

親への愛情があれば当然のことではある。柴田自身も講演会や看取り士養成講座などで娘のこの言葉を紹介して、ちゃっかりと笑いを取っている。私も最初に聞いた彼女の講演で、この一人娘とのエピソードでうかつにも笑ってしまった一人だ。

柴田の娘でさえそうなのだから、あなたのエンディングノートに「延命治療は望まない」と書いてあったとしても、その実現はなかなか難しいと考えるべきだろう。

しかし、柴田は簡単に諦めなかった。約5年もの間、娘と根気強く話し合いを重ねた結果、延命治療はしないことと、仮に意思疎通ができなくなって病院や老人施設に入ったとしても、最後の2週間だけは自宅で過ごすという希望を娘に受け入れてもらった。母の粘り勝ちだった。

5年間は極端にしても、自分らしい死に方を実現するにも、家族や友人とのすり合わせに一定の準備期間が必要になる。だから60歳で準備を始めてもけっして早すぎることはない。母娘の間で決められた、柴田の「自分らしい死に方」の内容を以下にまとめた。

■母の要望でかなったもの

①延命治療はしない

②最後の2週間は自宅で過ごす

③財産についてはとくにないので項目なし

■娘の要望でかなったもの

①お母さんの遺体がないのは嫌なので、献体や臓器提供は止める

②お墓の代わりに、小さいビンにお母さんの骨を入れて肌身離さず携帯する。自分が死んだら、自分の息子（柴田の孫）にお母さんの骨の代わりに自分の骨を同じビンに入れて携帯してもらう

あなたの、もしくはあなたの両親の「自分らしい死に方」とはどんなものだろうか？

エンディングノートや遺言を書き終えた大半の人は、自分が考えたことだけを一方的に書き連ねて満足していないだろうか。

しかし、看取り士である柴田でさえ娘との話し合いを約5年つづけ、お互いに譲るところは譲り、譲れないところは主張し合って、この「自分らしい死に方」にたどり着いたことをどうか忘れないでいただきたい。

家族がいない人は、自分がもしものときに信頼できる人をつくっておく必要があると柴田は話す。60歳から信頼できる人間関係を築くのはそう簡単ではないから、これもできるだけ早めに準備すべきというわけだ。

## 父の威厳のある死と最後の「ありがとう」

柴田の看取りの原点と言えるものが、前出の父親の死だ。

彼女の旧姓はあの「大国主命《おおくにぬしのみこと》」の「大国」で、島根県にある出雲大社の氏子《うじこ》の家系。いつも穏やかだった父親は出雲大社を崇拝していて、小さい頃に柴田がケンカをすると、父親が走ってきては幼い柴田にこう注意した。

「大きい声を出すんではない。ケンカをすると、自分も、相手も、嫌な気持ちになってしまう。怒る前に3分間黙ってからものを言いなさい！」

確かに3分も黙ると腹立たしい気持ちが消えてしまうとわかり、柴田は幼い頃から他人にあまり腹を立てなくなったという。

そんな穏やかで優しい父が、柴田が小学6年生のときに末期の胃がんで、余命3カ月の告知を受ける。ある日、柴田が学校の帰り道で父のためにタンポポの花を摘んで帰ると、父親の部屋に親戚や友人などたくさんの人たちが集まっていた。その中央で一人布団に寝ている父親がその一人一人に「お世話になりました。ありがとうございます」と丁寧に伝えていた。

幼い記憶に残る当日の光景は、障子の桟《さん》が美しく光り、部屋の空気はそれまで感じたことがないほどに温かくて軽かったと柴田は回想する。

「父は最後に私の手を握り、『くんちゃん（久美子の愛称）、ありがとう』と言って微笑んでくれました。やがてその手は冷たく、そして硬くなっていきましたが、私は父の手を長い間離しませんでした。まだ幼かった私は、父に『ありがとう』と言われることなど何もしていません。しかし、私が今ここに存在していることが何よりも喜ばしいことなんだと、父は教えてくれたのです。人が何かをできることや、お金や物をたくさん持つことは、私たち自身の存在の尊さから見れば取るに足りないことであり、一人一人の存在こそが縁ある人たちへの宝物なんだということです」

生きてただ在ることへの全面的な肯定。

父親が最期の「ありがとう」に込めた教えを柴田は今そう受け止めている。あの日の住み慣れた自宅に満ちていた厳粛な空気と、家族への感謝の言葉と笑顔を残して毅然と逝くという慣習を、柴田は日本の社会に取り戻したいと願っている。

## 「いのちのバトン」を受けとる

「亡くなった方の遺体は、手足は割と早く冷たくなりますが、お腹や背中は翌日まで、長い人なら２、３日後でもまだ温かい」と柴田は話す。

「私たち看取り士は、ご家族にそのご遺体を交互に抱きしめて看取ることをお勧めしています。あるいは手を握ったり足をさすったりして、逝かれた方のエネルギーをまさに体感し、受けとっていただきたいからです。また、じかに触れて身体が徐々に冷たくなっていくことを感じることで、大切な人の死を理屈抜きに、ゆっくりと受け入れていただきたいのです。それができれば、グリーフケア（肉親が亡くなったショックから立ち直れない人のお世話をすること）もいりません」

遺体が死後3日も温かいとか、逝かれた方のエネルギーを家族が抱きしめて受けとるとか、初めて読む人にはどちらもすぐには信じられないかもしれない。

しかし、今まで200人近くの人たちをその胸に抱いて看取ってきた柴田の経験に基づく、それが抱きしめて看取る理由だ。

その際に受けとるエネルギーを「いのちのバトン」と彼女は呼び、「いのちのバトン」を受けとる、と表現する。それはいつか必ず人は死ぬという事実を心と身体の両方で受け止め、転職や転身など自分の気持ちや欲求により忠実に生きられるようになることや、逝った人やその写真に自然に話しかけたり、その存在をより身近に感じるようになったりする、とも話す。

第2・第4章では、柴田らの協力を得て肉親を看取った人たちを紹介するが、「いのちのバトン」を受けとった後の変化の数々を私もじかに聞くことができた。

## 病院でも施設でも死ねない「看取り難民47万人」の衝撃

団塊の世代を中心に起こった「終活」ブーム。

同世代が2025年には皆75歳以上になり、後期高齢者は2000万人を超える見通しだ。年間死亡者数は2016年の推計約130万人が、2030年には約161万人、2040年には約167万人とピークに達して、日本はかつて経験したことがない「多死社会」を迎える。

そこでもっとも深刻なのは、死ぬ人が多すぎて、病院にも老人施設にも自分の「死に場所」がなくなること。それが「看取り難民」問題だ。年間死者数が161万人に達する2030年には、病院でも老人施設でも死ねない人が約47万人という推計もある。死亡者全体の約3割だから、3人に1人だ。もはや多くの人にとっても他人事《ひとごと》ではない。

ふくらむばかりの高齢者の医療費を削減したい政府は、個人の尊厳ある最期とは無関係に、従来の病院中心から、在宅中心の医療体制への転換を図ってはいるものの、現状は厳しい。厚生労働省は病床数の削減を図りながら、２０３８年には在宅死（自宅や老人施設もふくめ）を全体の40％に引き上げたい方針だ。

だが、２０１４年の18・６％から2倍超への増加は厳しい現状だ。

主な理由は、在宅医療の周知不足と、24時間体制を義務付けられる病院側の重い負担感や、人材不足などが主な理由とされる。先の話のように病院で約８割の人が亡くなる時代が41年もつづき、自宅で亡くなった話などもほぼ聞かないからだ。かろうじてテレビや新

**図②　年間死亡者数の推移**

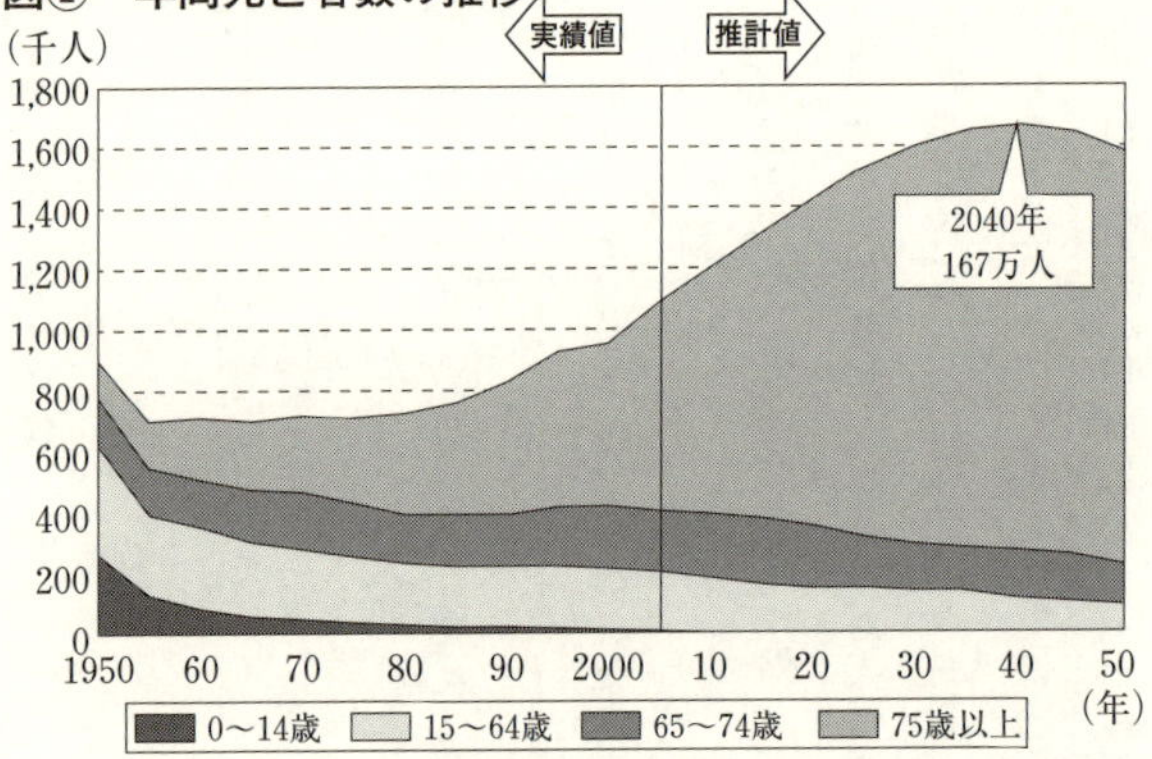


※2005年までは「人口動態統計」（厚生労働省）、2010年以降は「日本の将来推計人口」(国立社会保障・人口問題研究所）より作成

聞などで、終末期の患者宅を訪問する緩和ケア（がんなどの病気による痛みを低減させて本人や家族の肉体的、心理的苦痛を減らし、生活の質を向上させる医療）の専門医の活動を知る程度だ。

柴田が2012年に日本看取り士会を設立したのは、看取り文化の復活とともに、この難民問題への対策という視点も併せ持っていた。

「私が敬愛するマザー・テレサは、貧困や病気で死にそうになっている人たちを看取る『死を待つ人々の家』をインドで始めました。彼女の言葉『人生の99％が不幸でも残りの1％が幸せならば、その人の人生は幸せなものに変わる』の、日本での実践だと考えています。一人住まいの日本人の高齢者の方でも、看取り士との交流の中で前向きな死生観が持てれば、孤独死にはなりません。自分は家族に愛されていたと感じて笑顔で旅立てるからです。その最後の1％があれば幸せな人生に変わります。今はまだ看取り士も公的な資格ではなく、介護保険の適用外で、ビジネスモデルも未確立ですが……」

柴田は相変わらずの率直さでそう言って苦笑する。

誰に看取られて、どこで死ぬのか。

それをきちんと考えるにはどんな人生を生きて、死をどうやって迎えたいのかを自分なりに考える必要がある。すると生き方と死に方は自然と重なってくる。

「大半のものが良い部分もあれば、悪い部分もあります。ですから、どちらかに偏るとおかしくなりますよね。人間も良い部分に偏ると傲慢になり、逆に悪い部分に偏ると卑屈になすぎてしまいます。同じように生まれることがないと死ぬこともありません。生まれることが大切なら、死ぬことも大切なはずですから、やはり生だけが称賛されるのはおかしいんです」(柴田)

だが、柴田の父のように自宅で毅然と逝く死生観を失った社会で、「いのちのバトン」という考え方がそう簡単には受け入れられないことは、柴田自身もよくわかっている。かといって眉間にしわを寄せるタイプではない。使命感を片手に、むしろ顔を上げてほがらかに笑い飛ばしながら前に進む女性だ。

けっして楽観はしていないが、世の中に求められている感覚は近年高まっている。2016年にはカナダに出かけて第1回の看取り士養成講座を開催、2017年6月に2回目を開き、後でくわしく触れるが、カナダでも日本人と同じレベルで「死を怖がっている」空気を体感してきた。今秋には現地法人を立ち上げる計画だ。

## 男性の看取り休暇が社会を変える

国内の短期大学で柴田が特別授業を担当したとき、一人の女子学生が父親と父方の祖父を看取ったときのエピソードを披露してくれたという。

「私は口もきかないほど父が大嫌いでした。その父が祖父の身体をなでて、〝お父さんありがとう〟と言いながら、いつまでも抱きしめている姿を見ているうちに、私は父に対する思いが変わりました。父はこんなに優しい人だったんだと初めて気づいたのです。柴田先生がいつも看取りは感動とおっしゃいますが、それがよくわかりました」

その話を聞いて、男性が家族を看取ることによって家族の絆が深まっていくことを確信しました。（『いのちの革命』柴田久美子・舩井勝仁著／きれい・ねっと刊）

娘との関係作りに腐心しているお父さんたちには、気になるエピソードではないだろうか。柴田の話だと、看取り士がうながせば、女性たちは逝く人の身体に触れたり、あるいは手を握ったり足をさすったりしてくれるのだが、男性はなぜか尻込みする人が多い。生前ならまだしも、亡くなった後ならなおさらだという。

「死を恐れているのは今、男性のほうかもしれません。とくに終末期の母親に触れるようにうながしても、男性は怖気づいてしまう人が多い。会社で忙しくしていらっしゃる方ほど、その傾向が強いですね」

柴田は以前から、肉親が亡くなった後の「忌引《きび》き休暇」の代わりに、亡くなる前に取る「看取り休暇」の導入を主張している。家族にとって一番大事なのが、亡くなってからの儀式ではなく、亡くなる前の看取りの豊かな時間と、先の「いのちのバトン」を受けとることだからだ。

「育児休暇さえ満足に取れない社会で、看取り休暇なんて不可能だという方もいらっしゃるでしょう。ですが、スピードと効率主義を優先するあまり、人間の幸せが後回しにされている社会の最前線で働いていらっしゃる男性が親御さんを看取られることで、人生の優先順位がきっと変わるはずです。とくに男性は自己否定感情が強くて、自分で自分の魂を傷つけている人が多い。せっかく与えられたいのちですから、女性たちのようにもっと自分がワクワクする生き方を積極的に見つけていただきたい。それにはゆったりとした看取りの時間で、親に愛されていた過去を振り返って自己肯定感を高めて『いのちのバトン』を受けとることが、自分なりの幸せや人生の目的を再確認する好機になります。そんな会社員が増えれば社会を大きく変えることにもつながるはずです」

柴田はふたたび満面の笑みを見せて言った。

# 第2章

# 親を看取って受けとったもの

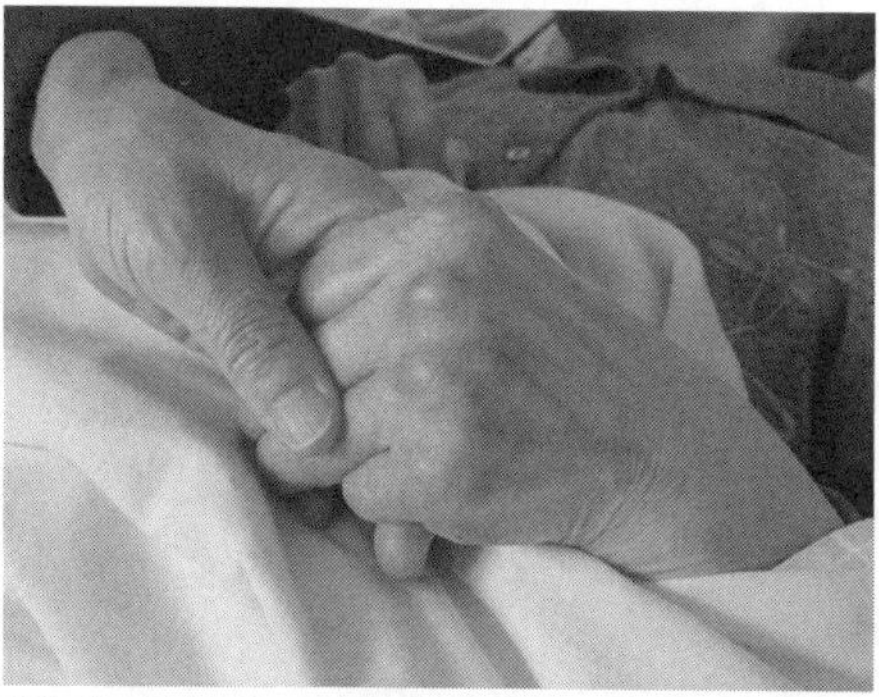

看取り士は相手に触れながら話す。手を握ることも無言の対話だ

看取り士の協力を得て肉親を看取った3人の物語。
医療関係者でも、宗教関係者でもない
ごく普通の人たちだ。
いのちの瀬戸際で葛藤を繰り返しながら
肉親を看取ったそれぞれの軌跡は
あなたの「死ぬこと」のイメージを変えるだろうか、
それとも変えられないだろうか。

## 清水洋子の場合

### いのちの瀬戸際のうんこを感謝しながら拭き取った娘2人の無垢《むく》な想い
### 長女の負い目を帳消しにして家族を笑顔にして逝った母

### 約1カ月ぶりの愛犬との再会

茶色と白の小さなシーズー犬「える」（当時8歳のオス）が屋内から一目散にかけて来て、清水まつ子（同84歳）の足元に飛びつき、キャンキャンキャンと小さく吠えて歓迎してみせた。約1カ月ぶりに自宅に戻り、玄関左側にある居間に上がったまつ子も満面の笑みで、「えるちゃ～ん」と両手を差し出した。その6畳の和室は玄関側を背に50インチの液晶テレビ、円く低い座卓、そしてまつ子が座る木製の肘かけ椅子の順で並んでいた。誰も座ることなくぽつねんと置かれていた椅子はその日、ようやく主を取り戻したことになる。

今から約8年前の２００９年2月、島根県松江市でのことだ。

「える」という名はまつ子の長女、洋子（当時57歳）の命名。清水家にやってきて以降、えるは洋子や夫の勇と散歩するときは常に早足で先を急いだ。ところが、まつ子と散歩に出かける時だけはなぜか2、3歩進むと必ず振り返っては主人の様子を確認する、分別のある忠犬に変身した。さらに清水家の玄関前のわずか3段の階段では、自らが先頭で一段下りる度に振り返り、まつ子の足元を上目遣いで案じた。

散歩が日課だった愛犬えるとまつ子

そんな忠犬にまつ子も人一倍の愛情を注ぎ、えるの散歩はやがて彼女の楽しみな日課になっていった。

えるがオートバイと軽い接触事故を起こしたときには、

「えるが死んだら、私も死のうと思ったよ」

まつ子は真顔でそう口にするほどだった。

「まつ子ちゃん」

彼女は、清水家に出入りする人たちからあまねくそう呼ばれていた。いつもニコニコと笑みを絶やさない半面、どこか危なっかしくて、誰彼なく自然と手を差し伸べたくなる女性だった。写真を見ると、生前の彼女は小さな瞳と鼻と口が中央にギュッと集まっていて、少し広めの額と相まってスピッツ犬を思わせる風貌。けっして猫タイプではない。

「まつ子ちゃんはもうご飯を食べて、入れ歯も（私が）洗っといたけんね」

清水夫妻が経営する写真スタジオが忙しいときには、家族同然で清水家に出入りする洋子の35年来の親友である女性が帰り際、出雲弁まじりに洋子にそう声をかけた。気のおけない友人や知人たちに清水夫妻も囲まれていた。

話を元に戻すと、愛犬との約1カ月ぶりの再会を手放しで喜ぶまつ子を、長女の洋子は複雑な心境で見つめていた。少し小さくなった母の背中を愛おしく思い安堵する気持ちと、わずか1泊の外泊を終えると、明日の夕方には再入院させなくてはいけないやるせなさの狭間《はざま》で揺れていた。目の前の時間が楽しいほど、明日の別れが辛くなるのは犬以上に、むしろ洋子や勇のほうだった。

まつ子も同じだった。一つの家に暮らす３人が皆、それには触れないように楽しく過ごそうと思うほど残り時間が気にかかり、苦味や痛みが少しずつだが確実に増していく意地悪な時間を共有していた。

「今夜はここで寝る！　家がいい」

それまで穏やかだったまつ子が急に声を荒らげた。

日曜日の午後８時前だった。洋子が病院に戻ろうと声をかけた直後のことだ。消灯時間の午後９時までに戻るなら、そろそろ家を出なければいけなかった。母は愛用の椅子で顔を伏せ、身体をこわばらせて縮こまり、２本の肘かけを両手で強く握りしめていた。霙《みぞれ》まじりの雨が降る空模様が、娘の気持ちをさらに急き立てた。

「お母さんったら……」

洋子がそう声をかけながら母の右の二の腕に触れると、力みかえってプルプルと震えていた。ここで泣いたら心がくじけてしまう、そう思った洋子は肘かけを握りしめている右手の指を力ずくで1本ずつ剥がしにかかる。まず親指、次に人指し指……。

「1日でも早く抗がん剤治療を始めないと、お母さんのいのちの時間がなくなる」

洋子は自分に何度もそう言い聞かせていた。

結局、母に病名は告知しなかった。いや正確には、告知させなかった。担当の医師が「認知症でもない限り、本人に知らせないと抗がん剤は使えません」と席から立ち上がるのを、夫婦2人でとっさにドア前に立ってはばんだ。とにかく必死だった。

全身を巡る血液のがんと呼ばれる「悪性リンパ腫」。しかも末期で、延命措置をしないと余命100日との診断だった。清水夫妻は、大正13年生まれの母に病名を知らせることだけはかろうじて拒みつづけた。それが夫婦の精一杯だった。

……中指、薬指とようやく剥がし終えたところで、母が無言のまま脱力した。それでも伏せた顔は上げようとしない。娘が自分を憎くてそんなことをしているわけではない、母だってきっとわかっていたはずだ。三者三様の意地悪な時間はあっけなく終わった。

「お母さん、明日の朝、また来るからね」

病室を退出間際に洋子がかけた声には答えず、まつ子は黙って掛け布団を頭までかぶって背中を向けた。翌朝、誰も予想しえない事態が待っていた。

## 母を想うがゆえの答えが見えない迷走

「えるは元気?」「ご飯、ちゃんと食べた?」

自宅での外泊を終えて再入院したまつ子を、翌朝見舞った洋子は母の第一声に言葉を失った。昨夜まで家で一緒だったじゃないのと洋子が伝えても、

「帰ってないよぉ」

母は真顔でそう答えた。

その瞬間、洋子はまるで大きな波が母の記憶と感情を丸ごとどこかにさらっていった気がした。それまで天然っぽい言動で笑わされることはあっても、そこまでトンチンカンな話をする母を見たことがなかったし、その兆しすらなかった。洋子の心には母の指1本ずつを引き剥がした前夜の罪悪感がくっきりとよみがえってきた。すると、

「このままだとお別れの言葉もきちんと伝えられず、取り返しのつかないことになる!」

「何もわからない人を、これから介護しなくてはいけないかもしれない……」

そういった不安が次々と洋子に押し寄せてきた。

「……もう心をもみくちゃにされながら、ふと、ある疑問が浮かびました。母のがんを告知されて以降、私たちは自分たちが辛いことばかりを考え、1日でも早く延命治療を始めないと母のいのちがなくなってしまう、と焦っていました。半面、そもそも母自身は延命を望んでいるんだろうか、とは一度も考えたことがなかったんです。しかし、ボケる兆候はまるでなかった母が、もしも自宅から病院に連れ戻された精神的なショックで、昨日のことも忘れてしまったのだとしたら……、という疑問です。もし、そうだとすれば、母の想いは私たちの考えとはまるで逆になる。母の心と身体がそれほど辛いのなら、今は自分たちの気持ちではなく、むしろ自宅に帰りたがっている母の気持ちにこそ寄り添うべきじゃないのか？　今度はそんな想いが私の中でどんどん大きくなっていきました」

洋子が病院から電話をして考えを伝えると、夫の勇も二つ返事で快諾した。まつ子が病院に戻ることで記憶を失ったことが、夫婦に与えたショックはそれほど大きかった。

その日の夕方に洋子が母を退院させて自宅に連れ帰ると、案の定、母は正気に返った。病院では見られなかったホッとした表情を見せて、愛犬とも無邪気に戯れたからだ。勇は「スタジオのほうはいいから、これからは24時間、お母さんのそばにいなさい」とも言ってくれた。

しかし現実は一筋縄ではいかない。

帰宅してから母の食欲は日増しに細くなっていく。病院では茶碗1杯のおかゆを食べていたのに帰宅後はそれが茶碗半分になり、やがてスプーン1杯に。洋子は喉ごしが良くて少しでも栄養価が高いものを与えようと、もずくスープに卵の黄身だけを加えてみたり、朝鮮人参をお茶で煮出してみたりと工夫を重ねた。一方で母に与えた栄養でがん細胞も大きくなるかもしれない、という不安にも苦しめられた。意地悪な時間はなおもつづいていた。

病名も知らず、自分が治って退院してきたと思っている母は、体調の悪さがどうにも理解できないらしく、

「なんでかねぇ、もう死んでもいいんだけどねぇ〜」

などと言ってはため息をつき、洋子はその度に「大丈夫、治るよ」と答えるのがやっとだった。母が目の前でため息をつく度に悲しみがこみ上げてきた。


「延命治療を止めて本当に良かったんだろうか」

「抗がん剤を使っていたら、母の身体は今より楽になっていただろうか」

「私たちが母の寿命を決めてしまったのだろうか」


洋子の心にはさまざまな迷いが生まれては消えていった。

「心が風船みたいにもうパンパンにふくらんでしまい、自宅に来てくれる訪問看護師に『(余命100日と医師から宣告されていたために)母はあと何日ですか?』と聞いてみたり、自分の迷いに迷う気持ちを漏らすと、看護師さんももらい泣きしてくれたりしました。私はもう何を、どうすればいいのか、本当にわからなくなってしまって……」

当時の洋子がどれほど追いつめられていたのかを物語るエピソードがある。

2009年春、日本のマスコミが盛んに報道していた北朝鮮の大陸間弾道ミサイル

「テポドン２号」だ。そのニュースを見聞きするにつけ、彼女は「落ちるなら、どうか私と母の２人の上に落ちてほしい」と本気で願っていた。ありえない妄想にしがみつかざるを得ないほど、心身ともに参っていたことがわかる。同年４月５日、北朝鮮は日本海に向けてテポドン２号を発射したが、洋子の願いもむなしく母娘は難を逃れた。

訪問看護師がそんな洋子を見るに見かねて、胃ろう（胃ろうとは、胃に穴を開けて体表の皮膚とつなぎ、体外から胃へ栄養剤を直接注入する方法である。）を試してみれば、と助言してくれた。洋子と勇は藁《わら》にもすがる思いで、母を退院させた病院の信頼できる医師に面会を希望した。

「（延命を考える）お二人の選択は間違ってはおられませんが、お母さんの体力は、胃ろうの手術をするには弱りすぎておられます。でも大丈夫、今のお二人ならお母様をきちんと看取る力を持っておられますよ。もし必要なら、この病院ではありませんが、お住まいの近くで信頼できる私の友人の医師をご紹介します」

医師からの思いやりに溢れる、なおかつ率直な回答に洋子たちは救われた。それが単なる病状分析や両論併記だったら、そうはいかなかったはずだ。洋子は母の末期がんを告知されてからの自らの迷走と弱さを、否《いや》が応でも振り返らざるを得なかった。

当初は何の疑問もなく延命を希望していたこと。
一時帰宅後に病院に戻って記憶を失った母への驚きと動揺。
母の気持ちに寄り添おうと夫婦で下した退院という決断。
食欲を急速に失う母に耐えられず、胃ろうという延命治療に心揺れたこととその顛末。

出口が見えない意地悪な時間に身悶《もだ》えするような日々だった。
まさにその頃、洋子は看取り士の柴田久美子の講演会が、近くのデイサービス施設で行われると知る。当時の柴田は島根の小さな離島で終末期の高齢者と暮らし、抱きしめて看取る生活を実践していた。直感で行こうと決めてカレンダーの当日に印をつけると、「これで私は救われるかもしれない」という希望めいたものが洋子の心に芽生えていた。

## 「それが家族ですよ」という言葉に救われる

「私の仕事はこんな偉そうなところでしゃべることではなくて、お年寄りの方々としゃべったり、汚れたオムツを取り替えたりすることなんです」

講演会当日、耳をすます人たちの心の一番柔らかい部分を静かに撫でさするような柴田の声音と、その言葉に洋子は心をわしづかみにされた。あとは客席中央の太い柱の陰で話を聞きながら講演の間中一人泣きつづけた。自分の内側にこれほど涙があったのかと思うほど涙が止まらなかった。柴田が講演を終えて演壇から降りると、洋子は客席を一人離れて退室する柴田に近づいて声をかけた。

「今、治らないとわかっている母の介護をしていて、毎日、母や自分をごまかしているような気がして辛いんです」

すると柴田は講演時と同じ口角を上げた顔を清水に向けて、

「それが、家族ですよ。大丈夫です、希望を持って」

そう答えると洋子を強く抱きしめた。

葛藤する自分を無条件に肯定してくれた柴田の言葉と抱擁に、洋子は自分が無意識に求めていたものをようやく与えられた気がした。

講演会で販売していた柴田の著書全5冊を買って帰り、深夜2時過ぎまでかけて一気に読み終えた。終末期に入った人間には医療が不要なこと、死はけっして怖いものではなく、幸せな人生の大切な締め括《くく》りであること、人生の最期は老いた本人の気持ちを最優先に考えてあげるべきだということなどを知り、洋子は自分たちの今までの選択が間違ってなかったと安心できた。

翌朝、柴田宛に手紙を書いた。「57年間一緒に暮らした母と別れる勇気をください」という趣旨で、柴田本人から数日後に「お母様に会いに参ります」と電話があった。

ピンクの花束を片手に柴田が清水家にやって来た。まつ子が暮らす6畳間は当日、すでに赤いカーネーションで彩られていた。5月の母の日まで持たないと考えた洋子のせめてもの飾りつけだった。2009年4月20日の午後のことだ。

柴田は玄関左側の居間の左隣にあるまつ子の部屋に入ると、ベッドの前で立膝になってその右手をとり、「柴田です」と講演時のような満面の笑みで挨拶すると、顔に黄だ

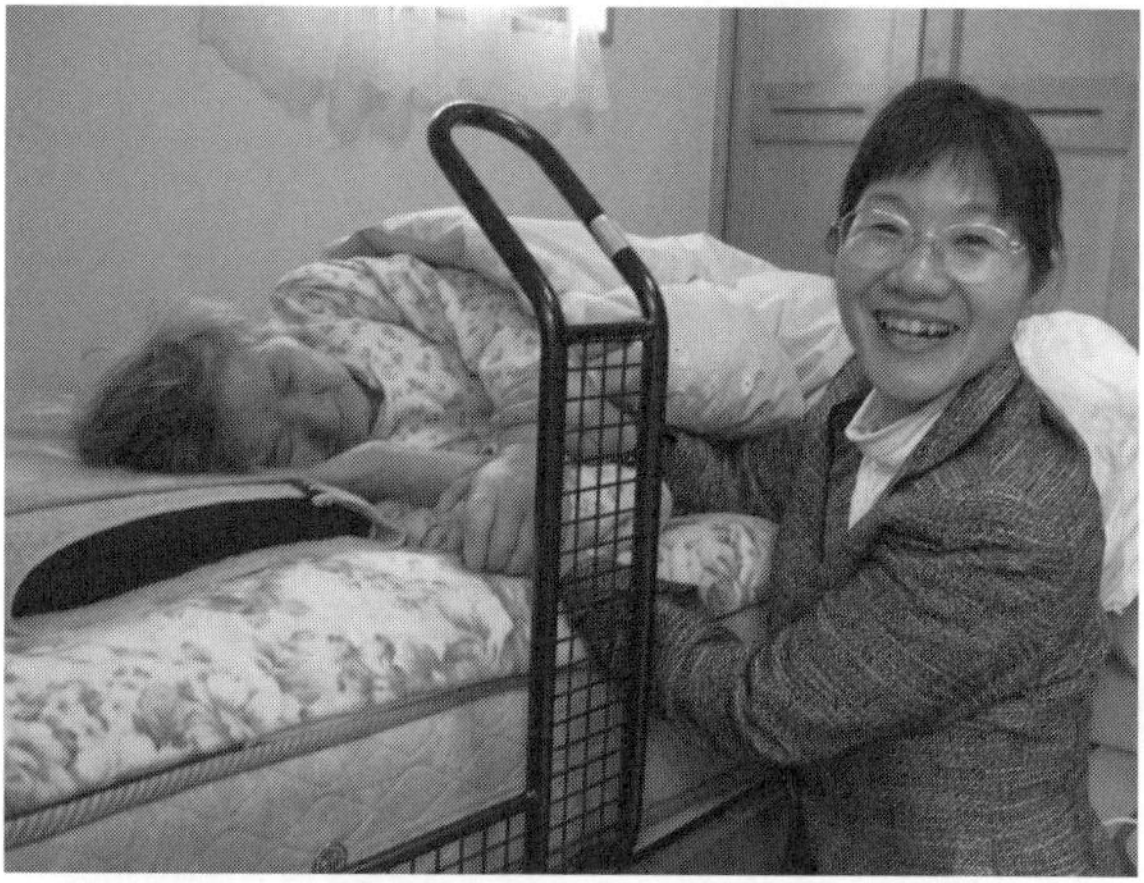

まつ子の手に触れながら話す柴田

んが出てしゃべる元気さえなかったまつ子にこう尋ねた。

「お迎えの方は見えますか？」

まつ子はその目をパッと見開き、柴田をじっと見つめてから、

「いいや……」

そう言って顔を小さく左右に振ると、

「じゃあ、大丈夫です。亡くなるときには、先に逝かれた方が必ずお迎えに立たれますから、怖くないですよぉ」

柴田はそう話すとふたたび微笑んだ。

それは島の内外で約２００人を抱きしめて看取ってきた柴田が、高齢者たちから繰り返し聞かされてきた旅立ちへの合図だっ

た。看取り士の作法の大半は、柴田のそんな経験則でできている。

それから30分以上も柴田はまるで子守唄のように、「大丈夫ですよ、大丈夫」とまつ子の右手を握りながら伝えつづけた。死の恐怖にさらされている人に「頑張って」という言葉はふさわしくないからだ。

また、柴田は逝く人たちが自分の死をきちんとプロデュースする姿を繰り返し見てきた。自分が看取られたい人を選び、看取る側の都合なども考慮し、時には自分への家族の憎しみさえ解きほぐして旅立っていった。自分が望む死に方ができるのだから、終末期を迎えた人たちには「大丈夫ですよ」という言葉こそがふさわしい。だから相手の手を握って柴田はその言葉をひたすら反復する。

洋子は柴田の邪魔をすまいと隣接する居間から、勇と並んで2人の様子を見守っていたが、温かくて、優しい空気がゆっくりと部屋全体に満ちていくような時間で、思わず「背後から写真を撮らせてください」と柴田にお願いしたほどだった。

柴田が帰ってから、どうだったと尋ねると、まつ子は「そうかぁと思ったよ」と安心したような表情で話した。

「階段をね、一段ずつ上るんですよ、いい景色が見えますから、大丈夫です」

まつ子の部屋を出た柴田は、隣の居間で待つ私たちにそう伝えて手を強く握ってくれたと洋子は振り返る。

「本当に温かい手で、母を看取る力をもらえた気がしました。今までの乱れに乱れた心の向きを変えて、母の最期ときちんと向き合わなければいけないぞと覚悟を決めました」

柴田の講演に行くと決めたときの、彼女の予感通りだった。

## うんこを通して母が教えてくれた「いのち」

「とにかくありがたくて、ありがたくてしようがなかったんです」

洋子がそう切り出したのは2009年4月22日に、まつ子が紙オムツを初めて汚したこと。柴田の訪問から2日後だった。その日の朝までまつ子はベッドから起き上がると、壁や手すりを使い、おぼつかない足取りでも自力でトイレへ行くことに執念を見せていた。

当時はもう口から食べ物がとれず、点滴の摂取だけを1カ月間ほどつづけていた。だが体力が弱ると、水分の排泄《はいせつ》さえままならず、まつ子の両脚は「子象みたいにこんなにむくんでしまって」と、洋子は胸の前で両手を「ハ」の字めいた形にして見せた。

「夕方4時頃、母はもう虫の息で、意思表示もできませんでしたが強い臭いがしたんです。妹と2人でベッドに上がり、母の尊厳もあるので大きな窓の薄緑色のカーテンを閉めて部屋を暗くして、浴衣をはだけるとうんこが次々と出てきたんです。父方の祖母が亡くなったときも身体の機能が順番に落ちていき、最後に肛門の力が失われてうんこが出たので、私は『あっ、今日だな』と確信しました」

点滴以外は何も摂っていないのに大量で、通常以上に鼻の奥を刺すような強い臭気でビニール袋に移さなければいけないほどだった。

「ですが、汚いとか臭いが強いなんてことよりも、私と妹もおしっこやうんこを母に夜となく昼となく毎回こうして拭き取ってもらい、母乳も飲ませてもらいながら、今まで育ててもらったんだという思いが鮮やかによみがえってきて、それを今、私が母に同じことをさせてもらっているんだって思うと、もう本当にありがたくって……」

洋子は眉間に少しだけしわを寄せて毅然と言い切った。

白いガーゼ地に紺色の花柄をあしらった浴衣をはだけさせ、母の身体は横向きのまま汚れた部分を妹と２人で、トイレットペーパーを使って丁寧に拭き取っていった。その20分ほどの間に、感謝の涙がお腹の底からどんどん噴き出してきた。妹も隣で手を動かしながら黙って泣いていた。

「ただの『喜び』じゃなく、あれはもう『歓喜』に近い『歓び』だったと思います。この幸せは誰にもわからないだろうな、という感じですね。それが母を看取る力にもなってくれたはずですし。でも、私一人じゃダメなんです、この感動はなかったはずです、産んでもらった娘２人で立ち会えて、母が最後の最後にその身体を投げ出してくれて、当日の朝までトイレに通いつづけてきた意地も恥も全部放り出して、ぎりぎりの瀬戸際で私たちに『いのちとはこういうことだ』と、教えようとしてくれている、私が受けとったのはそういうありったけのものでした。『仏』は『解《ほど》く』とも読みが似ていて、人はいろんなものを解いてその身を軽くし、仏になって旅立っていくという話を聞いたことがありますが、まさにそんな感じで、実の母親ながら物凄いなぁ、物凄いものを見せてくれたなぁと……」

洋子の語りはこの日一番熱をおびていた。

詩人の故・金子光晴はある女性への溢れ出る愛情を、

「恋人よ。たうとう僕はあなたのうんこになりました」

と詩につづったが、洋子のそれも最愛の母に寄せる透き通った敬意のように聞こえた。相手のうんこにさえ愛情や感謝を見出す感受性ほど無垢なものはない。

## 娘の両膝の上で笑顔いっぱいの看取り

「たぶん、今日だと思うから仕事が終わったら、まっすぐ家に来て」

洋子が勤務中の35年来の親友に電話したのは同日の午後5時過ぎ。朝から母の呼吸が荒く、胸板が波打つように上下していた。午前中に来た訪問看護師が計測すると血圧は80で、荒い息とも相まって嫌な数値だわと彼女はつぶやいた。洋子が電話した親友が清

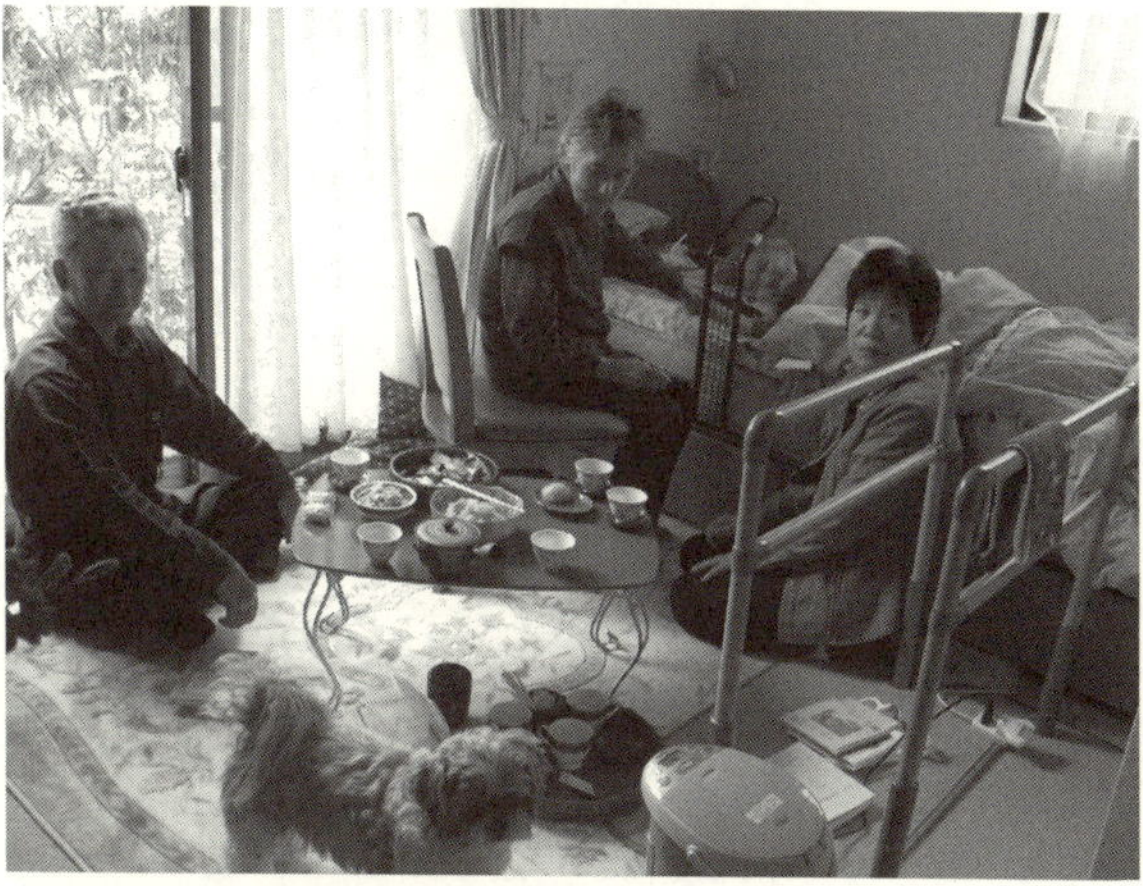

亡くなる前日にまつこの姉（中央）と

水家に到着した午後8時過ぎに、洋子・勇・洋子の妹・親友の4人、それと愛犬のえるで、まつ子のベッドの周りを囲んだ。

「……しぃ、……しぃ」

荒い呼吸がおさまると、まつ子は一転、口角を上げてうれしそうな表情を見せながら、小さな声でしきりにそう繰り返した。いったい、何を言いたいのだろうか、と母を取り囲んだ4人でささやき合った。洋子が耳をまつ子の口元に近づけて聞き取った。

「お母さん、みんなが周りにおってくれてうれしいの？」

まつ子はわずかにうなずいてみせた。苦しんで亡くなる父や親類を見てきたから、洋子には満面の笑みを見せつづける姿が不思議でならなかった。

「お母さん、本当にそんなにいいの？」

洋子はベッドの上に上り、両膝の上に母の頭を載せた。勇が左手、妹が右手をそれぞれさすり、親友は両脚をさすりながらみんなで「ありがとう」を繰り返した。柴田から教わった看取り方だった。その頃には母の笑顔がうつっていて、4人みんなが満面の笑顔みを浮かべていた。

「お迎えに来ているのは、お父さん？」

洋子はそう尋ねてみた。

柴田が2日前に「誰かがお迎えに立たれていますか？　お迎えに誰かが立たれていないと旅立てませんよ」と話していたのを思い出したからだ。

だが母は、右手を少しだけ上げて左右に小さく振ってみせた。

しばらくすると、母が水を欲しがったので、勇が台所からコップ1杯の水を持ってきた。まず洋子が少し飲んでからスポイトに少し吸い上げ、母の唇の狭間に3、4滴たらすとゴクンと音を立てて飲み込んだ。

最期の息をみんなで確認しようと洋子が言った。だが、母の小さな息は止まりそうでなかなか止まらない。しばらくして「ふーっ」と、吐いたのか吸ったのかわからない息を一つして口を閉じた。

「……今だったね」

4人で静かにうなずき合い、清水まつ子の84年の生涯の終わりを確かめた。

柴田は「逝く人は自分の死を自らプロデュースする」というが、大好きな家族と犬に囲まれ、とてもほがらかで安らかな最期だった。

## 「ありがたい寿命をまっとうして人はいのちを終える」

結局、当初は1日でも長く生きてほしいと、当然のように考えていた延命治療を一度も試みることなく終わった。洋子がまつ子に与えたのは点滴と痛み止めの頓服《とんぷく》薬だけだ。

「延命治療をしなかったという負い目が、私の心にずっと巣食っていました。でも最後の最後に口角を上げっぱなしの母の笑顔が私の負い目もゼロにして、きれいに解いて逝ってくれました。その場にいた誰一人泣きませんでしたし、むしろ笑顔いっぱいの看取りができました。笑われるかもしれませんが、私なんか葬儀のときまでそれがつづいていて、口角が自然と上がってきてしまい、でも、さすがにそれは不謹慎な気がして、手を当てて隠すのに必死でしたから。その理由ですか？　母を無事に向こうの世界に送り届けられたと思うと、幸せな安堵感で私の心はとても満たされていましたし、『柴田先生～、私にもできましたよぉ』と叫びたいような、褒《ほ》めてもらいたいような高揚感がずっとつづいていたからです。結局、母を看取ってからおよそ8年間、一度も泣きませんでした」

晴れ晴れとした顔で洋子は言った。

母を看取るまでに、洋子は父方の祖母や叔母をふくめて5人の親類が亡くしている。今思い起こすと、危篤と聞いて洋子が病院に駆けつけると、自分も他の親類と同じようにベッドに横たわる本人ではなく、いつも心電図モニターの動きばかりを注視していた。

2001年の暮れに肺炎で実父が亡くなったときも、自宅に往診に来てくれた医師が「ここで看取りますか、それとも病院に行きますか？」と問われた洋子は、「何を言ってるんですか、そりゃあ救急車で病院に行くでしょう！」と即答していた。

「今から思うと、あの医師は父のいのちはもう長くないと察していて、ああいう訊き方をされたんだと思います。私自身も当時は薄っぺらな死生観しか持ち合わせていませんでしたね。人の死は大切な時間だけど、怖いという気持ちのほうが圧倒的に強かったですし……」

　実は、母のまつ子を一緒に看取ってくれた親友の女性が2017年に、2年8カ月の闘病の末に他界した。乳がんから肝臓に転移、一人暮らしのために自宅療養はできず、入院しての手術、抗がん剤治療の末にがん細胞は縮小したものの、その副作用か肝不全で亡くなるという痛ましい最期だった。

「母との大きな違いは、延命治療をしなかった身体と、抗がん剤などの薬剤をとことん入れた身体の違いでした。母は痛みより身体のだるさを訴えましたが、友人は痛み止めのモルヒネを投与されてもなお、身体の痛みと格闘しました。その遺体は残念ながら母のような安らかさからはほど遠く、まさに力尽きたという表現がふさわしい敗北感がありました」

抗がん剤でいのちを救われる人もいるから、その是非は軽率には断定できない。

しかし、少なくとも洋子は親友の死を通してそう痛感させられていた。

実は、まつ子も亡くなるまでに5回の大病を患っていた。洋子が25歳で結婚する前は、手足のしびれに苦しんだギラン・バレー症候群（運動神経に障害が起きて身体に力が入らなくなる）、洋子の結婚後は脳膜炎（脳や脊髄を覆う髄膜が炎症を起こす。錯乱や頭痛、無呼吸の症状がある）、2回の腸閉塞《へいそく》（食べた物や消化液が腸に詰まる。吐き気と嘔吐を伴う腹痛がある）、そして末期と診断された尿管結石（尿路に石ができて、尿と一緒に体外に出るまで痛む）。5つ目の尿管結石では、担当医から「会わせたい人には早く会わせてあげてください」とまで言われる重症だったが、いずれも回復してみせた。

今回の悪性リンパ腫は、胃の鳩尾《みぞおち》あたりにコリコリとした触感があった。医師の診断は受けなかったが、洋子はがん細胞が転移していたのだろうと推測する。

「それでも人は病気では死なないし、ケガでも、事故でも死なない。人はありがたい寿命をまっとうして、いのちを終えるものなんだと5度の大病をくぐり抜けた母の看取りを通して教わりました。もしかしたら、私が母から受けとったものの中で、それが最強の『いのちのバトン』かもしれませんね。でも、柴田先生にお会いして、私の葛藤そのものをあのタイミングで肯定していただいていなければ、8年たった今でも延命治療をしてあげられなかったという後悔に押し潰されて、めそめそと泣き暮らしていたはずです」

一方、まつ子が笑顔で逝った理由はわからずじまいだった。

その命日はくしくも、彼女の嫁入り道具の大切な布団一式を無断で解き、義理の姉たちに座布団にして配るなどの嫌がらせをつづけ、生前のまつ子が大っ嫌いだった姑《しゅうとめ》と同じ日だった。

## 「まつ子ちゃん」の悪戯めいた2つの偶然

不思議な後日談がある。筆者である私が、松江市にある清水夫妻の写真スタジオを訪問したのが2017年5月18日。当日の朝、スタジオに出勤してきた勇の姪の日高宏美（38歳）に、取材の人が来ると伝えると、宏美は、まつ子を看取った洋子が8年前の夜にかけてきた電話のことを話し出した。

「まるで子供が運動会の徒競走で1等賞でも取った直後みたいな、勢いのある声だったことに当時はとても戸惑ったんですが、まさか感じたままを伝えるわけにもいかず、とりあえず『本当にお疲れ様でした』とだけ、かろうじて返事をしたんです」

宏美は当時の戸惑いを、この日初めて洋子に打ち明けた。

洋子が看取った際、「私にもできましたよ！」と柴田に叫びたい気持ちだったことは先述したから、宏美の戸惑いはよくわかる。だが、宏美からあらためて当時の戸惑いを聞かされた洋子は、ふいに胸がジーンと熱くなったという。

「約2カ月間の自宅介護をつづけながら、延命治療をしなかったことの負い目をずっと引きずっていた私が、母が最期に見せてくれた満面の笑みに、その負い目をゼロにしてもらったんだという感謝の思いが、その話を聞いてあらためてよみがえってきたんです」

笑顔の看取り以降、一度も泣いたことがなかった彼女は両目を赤くにじませた。今回の取材がなければ、宏美が率直な気持ちを明かすことはなかったかもしれない。

私はその話を受けて、「ご主人の勇さんも看取り以降、洋子さんと同様に一度も泣かれていないのですか？」と尋ねると、こんな答えが返ってきた。

「ええ、母の病名を医師から告知された時の一度きりです。その時は、母に孫の顔を見せてあげられなかった、と両肩を震わせて男泣きしてくれました」

目を充血させたまま話す洋子の言葉に、結婚20年を越えて子供がいない私が今度は妙にグッときてしまい、涙腺を熱くした瞬間だった。

「ただいまぁ～」

のんびりとした勇の声が、撮影スタジオ手前の、カーテンを引いた紫色のカーペットが敷きつめられた着付け室にいた私たちにも届いた。まるでスタジオの玄関前で私たちの話に聞き耳を立てていたかのような、その絶妙なタイミングに洋子と私は顔を見合わせ、どちらからともなく声を上げて笑った。みんなのアイドルだった「まつ子ちゃん」がスタジオのどこかの陰で、ほくそ笑んでいるかのような鮮やかな締めくくりだった。

## 田原忠彦（仮名）の場合

定年前の会社員が葛藤の末に「父さんの息子でよかったよ、ありがとう」と言えるまで
心臓が止まってから約2日間も温かかった父の背中の手触り

### 目を閉じたままの父親にギュッと握り返された左手

「そんな話をするつもりはなかったんですけどね、その前日も母親と見舞っていたんで、静岡に戻る前に挨拶だけしとこうと妻と2人で父親の部屋に行ったんです」と田原忠彦（59歳）は関西弁の抑揚で言った。取材当日、週末ににぎわう大型ショッピングセンターで妙に閑散としていたコーヒー店は、話が3時間を超える頃には混み始めていた。

奈良の特別養護老人ホーム（以下、特養）から田原の父親（89歳）の状態が良くないと、静岡にある田原の勤務先に連絡が入ったのは2017年3月3日金曜日。同日夜に奈良にある実家に戻った田原が、父親のいる特養を再度訪ねたのは6日の夜8時頃だった。入口の反対側に大きな窓がある約8畳の個室の、中央に置かれたベッドに寝ている

父親と向き合った。

「当時はもうしゃべれませんし、目も閉じていることが多かったですね。最初はね、『具合いはどう？』とかって話しかけていたんですよ。え～っと、ベッドの窓側に座って、右手を父親の後頭部と枕の間にこう差し入れてね、左手で父の左手を握っていました。父は起きているときには少し辛そうにウーッて唸《うな》っていたりしたんですけど、あの日は不思議と穏やかでしたね。ふいに『父さんの子供でよかったよ』という言葉が脳裏に浮かんだんです。すると目になぜか涙がにじんできて、ああっ、今伝えとかなきゃ……という気持ちに急になりました。そんなつもりは毛頭なかったんですけどね」

田原は話しながら、両手を広げてそのときの格好をして見せてくれた。私がそれまで部屋の様子や、彼と妻と父親の位置関係などを事細かに質問していたせいだ。店内の私たちのテーブルの両隣には、若い女性の２人連れと中年夫妻がそれぞれ座っていたが、田原はどちらの視線も気にする素振りを見せなかった。いのちの瀬戸際にある父親と自分が交わした最期の会話を私に正確に伝えることのほうが、彼には大切だったからだ。

「僕が『父さんの息子に生まれてきてよかったよ。今までありがとう』と伝えるとホッとしたせいか、目に溜《た》まっていた涙が自分の頬を伝い落ちるのがわかりました。それまでも手を握ってありがとうと伝えたり、背中をさすったりはしていましたけど、『父さんの子供に……』なんて言ったことはありませんでした。しばらくして『じゃあ、行くわ』と言うと、父が目を閉じたまま僕の左手をギュッと握り返してきたんですよ。あっと思って、もう少しここにいろということだなと感じると同時に、さっきの言葉もちゃんと伝わったなと確信できました」

60歳目前の息子が、父親にあらたまってそんな話をする気恥ずかしさも感じなかった。特養側から2月後半以降、いつどうなるかわからない状態だと聞かされていたせいもあるかもしれない。前日と同様、父の顔の血色は悪くなかった。少し微熱があるものの、血圧や脈拍数などの数値は安定していた。田原の妻は気を利かせたのか、ベッドの反対側ではなく夫の背後から2人を見守っていた。

その後、田原はとくに父親との思い出話に花を咲かせたわけではない。

以前、講演を聴いたことがある看取り士の柴田も、その著書で「ありがとう」と「大丈夫」だけでじゅうぶんだと書いていたし、その年代の父親と息子に共通の話題など多いはずもない。特養を出て最寄り駅へ向かう車中で妻が、「いい時間だったわね」と言ってくれて、田原にもいい時間が持ててよかったという満足感があった。きっと親父にとってもそうだったはずだ、と。翌7日の午前10時過ぎ、田原の勤務先にふたたび父親の危篤を知らせる一報が入った。

## 「人工透析をしなければ余命2カ月」の宣告

「だいぶ血圧も下がってきました」

特養側から第2報が入ったのは午前11時過ぎ。昨夜面会していたこともあり、田原はその日の勤務後に奈良に向かうつもりだったが、第二報を受けて急きょ正午過ぎに職場を出て父親の元へ急いだ。

父親の腎機能が低下していて、人工透析をしないと余命2カ月と医師から田原が宣告されたのは約半年前の2016年9月。だが、透析は2日に1回4時間で週2日程度だが、父親のように高齢になると1回8時間程度かかる場合もあるという。

また、元来が病院嫌いの父親が、入院時に点滴を受けた際に少し暴れたらしく、透析時に暴れると危険なので、父親には睡眠薬が投与されたり、身体を拘束されたりする場合もあると聞かされた。しかも父親が入居していた特養に確認すると、透析患者は受け入れられないという回答があった。

「くわしい状況がわかってくると、透析を楽観視しすぎていたなと反省すると同時に、89歳の父親に2日に1回8時間の透析は酷だなという思いが強まりました。当然、1日でも長生きしてほしいという気持ちもありましたが、病状が悪化すれば心臓が止まる危険性もありましたし……。腎臓病で透析をしないということは延命（治療を）しないということと同じなので、それならできる限り穏やかに余生を過ごしてほしいと考えました」

人工透析を受けないと決めたとき、田原は単なる看取りではなく、看取り士の柴田が唱える「いのちのバトン」があるのなら、父親からそのバトンを自分が受けとることで、ちゃんと送ってあげようと腹がすわった。柴田の講演を以前聴き、著書を読んでもいたことも大きい。一方で両親には無用な心配をさせてはいけないと思い、看取り士の女性たちを、看護師として紹介する気配りを見せた。

「16時26分にお亡くなりになりました」

新名神高速のサービスエリアで妻と２人でトイレ休憩を取っていたら、３度目の連絡を受けた。もうちょっと待てなかったのかと田原は思った。

それから約１時間後に特養にたどり着いて父親の部屋に入ると、田原が昨日座っていた椅子に母親が、その左隣には看取り士の小柳春子（仮名・54歳）が座っていた。

「僕が母親に『親父の最期はどうだった？』と聞くと、母親の答えは、『お父さん、ちっとも苦しそうじゃなかったの。いつ息が止まったのか、わからなかったぐらいだわ』でしたね。その光景を見たときに、そうか、父親は母親に看取ってもらいたかったんだなと直感して、微笑ましいなと思いましたね。（看取り士の）柴田さんからも『死に目に会えなかったことをあまり気になさらないでください』という伝言を、小柳さん経由で伺いましたし、僕も前日に息子として父に言うべきことは伝えられていたので、さほど気にはなりませんでした」

一方、看護師でもある小柳が、元看護師で先輩の看取り士でもある西河美智子（56

歳）から、危篤の連絡を受けたのは当日の午前10時頃。田原の父親がいる特養に到着したのは同11時前。西河は栃木での講演会が終わってから駆けつけるとのことだったが、小柳にとって初めての看取りになりそうで不安だった。田原の母親が到着したのは15時過ぎで、デイサービス施設でのリハビリを途中で抜けてきたと聞いた。ふたたび15時の時点に話を戻したい。

## 脈拍と血圧も測れないのに両頬に赤みがさした瞬間

「どうしたんですか？」

部屋に入るなり、田原の母親は小柳にそう尋ねた。母親が到着した15時の時点で、父親の脈拍と血圧は測れないほど微弱だった。もう長くないかもしれない、と小柳は業務上の経験から感じていたが、ここでうかつなことは言えないとも思った。軽度の認知症である母親を心配させないために、田原が父親の病状をくわしく伝えていなかったからだ。ところが、小柳が驚くほど、母親はその状況にふさわしい言動を見せた。

「私はお母様に、『お父様はもう目を開けるのもしんどいみたいなんですが、お耳はまだ聞こえているので、どうぞお話をしてあげてください』とお伝えしました。すると、お父様の手を握られて、『あなたぁ、ありがとう。あなたのおかげで楽しかったわぁ。あなたが死んでも愛してます』って呼びかけるように言われたので、とても仲のいいご夫婦なんだなぁと思いました。それで思い切って『よかったら抱きしめてあげてください』とお伝えすると、私みたいな部外者がいて少し戸惑われるかなと思ったら、すっと抱きしめられたんです。お父様の頬にご自分の頬をすり寄せられて、『あなたのおかげで、子供たちもいい子に育ちましたよ。みんな、あなたに感謝してますよぉ』と言われて、するとその瞬間、お父様の両頬にポッと赤みがさしたんです」

　小柳も関西弁の抑揚でゆっくりとそう話した。脈拍も血圧も測れない状態で頬に赤みがさすなんて通常はありえないことだった。

「柴田さんの講演や（看取り士の）養成講座でも、『意識がなくなってもご本人の耳は聞こえているので、話しかけてあげてください』とご家族にうながすと教わっていて、私もその通りにお母様にはお話ししたんですけど、お父様の頬に赤みがさすのを目の当たりにして、あっ、本当に聞こえてるんだと思いました」

今までで楽しかった思い出は何ですか？　と小柳は母親に尋ねてみた。

軽度の認知症である母親が語ったのは、父親の仕事に付き添って英国や米国で暮らしたときの話だった。父親が大学で心理学を教えていたからだ。田原がまだ小学校低学年時代、弟と父の3人で撮られたモノクロ写真が残っているが、色白な肌につぶらな瞳の理知的な顔立ちで、作家の太宰治を少し彷彿《ほうふつ》とさせる。

「お母様は『主人からついて来いと言われたんですけど、私は英語も話せないからと言うと、お前が来ないなら俺は2週間ぐらいで帰ってくるぞって言うんですよ。だから私、主人のご飯を作りについて行ったんですよ』って、小さく笑いながら言われました。その他にも、ご夫婦は英語がそれほど堪能ではないので大学が通訳をつけてくれた話や、現地の大学教授宅の夕食に招待された話などを、割と克明に伺いました。ええ、昔のことはよく覚えていらっしゃるようでしたね。お二人とも若くて元気でいらしてね、生きることに一生懸命で、お母様にとってもお父様が一番輝いていらした時代の、楽しくて誇らしい思い出だったんでしょうね。お母様の生き生きとしたお話しぶりを見ていると、私にもその情景が目に浮かぶような気がしました」

小柳の話に耳をすましながら以前、私も柴田から同じような話を聞いたことを思い出した。看取りの前後に家族で交わされるのは、本人が一番輝いていた時代の思い出話が多く、看取り士としてその場にいながら、まるで一本の映画でも観ているような気持ちにさせられると柴田は話していた。私も小柳を介しているものの、そこまで具体的な内容を耳にするのは初めてだった。

しかし、このときの小柳は母親の話に相づちを打ちながらも、父親の呼吸の浅さに焦っていた。胸はもうほとんど動かず、下顎《あご》がほんの少し動く程度で、こんな呼吸ではもう長くないだろうと見ていたが、母親の到着からすでに約1時間が過ぎようとしていた。だから、2人の息子である田原も間に合うかもしれないという淡い期待も失ってはいなかった。小柳はお父様と呼吸を合わせてみましょうか、と母親に提案した。

ところが、現役の看護師が見ても浅い息だから、素人の母親が懸命に父親を見つめて呼吸を合わせようとするのだが、なかなかうまくできない。

「息を合わせるのって難しいわね」

微笑みながらそう言って、母親はまた父親の胸元を見ながら合わせようとする。そんなことを繰り返しているうちに呼吸がゆっくりと遠のいていき、最後の呼吸と思われるものが静かに終わった。だが、母親はまだ父親をじっと見つめながら次の呼吸を待っているので、小柳もそのまま黙っていることにした。

「それから5分ぐらい後だったでしょうか、お母様が『もう息をしていませんか？』っておっしゃったんです。私も『そうみたいですね』ってお答えして、『でも、まだ耳は聞こえていますから、抱きしめてお話してあげてください』って言いましたら、お母様はほろほろと涙をこぼされてね、お父様をギュッと抱きしめられながら『あなたのおかげでいい人生でした、幸せでしたよぉ、ありがとう～』って。そのときのお母様の言い方がとっても優しくって……。看護師としてお看取りの場面に何度も立ち会ってきましたが、ご家族とあそこまで深く関わることはありませんでしたし、ご家族の言葉や気持ちにじかに触れさせていただいたことで、死がこんなに温かいことを初めて学ばせていただきました」

小柳も目を赤くうるませてそう話すと、週末の騒々しい喫茶店でつかの間絶句した。

実家で暮らしていた頃の両親を田原が撮影した写真を見ると、母は耳たぶが見える程度のショートカットで、ふっくらした顔に少し垂れ気味の目元で、上品な紫色のカーディガンを羽織っている。かつて田原に私立の有名中高一貫校の受験を強いる教育ママだったという面影はもはやない。

小柳によると、当日の母親は時おり涙ぐむことはあっても声を上げて泣くこともなく、むしろ昔話を懐かしそうに終始微笑みながら語っていたという。かつて華道の小原流師範として生徒にも教えていた母は現在、要介護度２。杖《つえ》なしで歩き、実家ではヘルパーに家事支援などをしてもらいながら奈良の自宅で一人暮らしを継続中。田原によると最近のことはすぐに忘れるが、昔のことはよく覚えているという。

ふたたび３月７日の看取りの日に話を戻す。

## 手がじんじんするほどの背中の温かさ

「ほら、まだ背中はすごく温かいですよ」

午後7時過ぎ、栃木からたどり着いた看取り士の西河は部屋に入ると、遺族に挨拶を済ませ、父親の遺体の背中にすっと手を差し入れてそう言った。亡くなってから2時間以上が過ぎて、すでに日はとっぷりと暮れていた。父親のベッドをはさんで入口側の枕近くに西河と小柳、窓側の枕近くに田原、母親、田原の妻が順に囲んでいた。この後、さらに遅れて田原の弟が北海道から駆けつけることになる。

西河の言葉にうながされて全員が恐る恐る父親の背中に手を入れてみた。

「こんなに温かいものなんですか。手がじんじんする！」

まず驚いたのは田原だった。実は、小柳にとっても想像を超えていた。

「『じんじん』という表現は、亡くなっている方の体温は冷たいという先入観から、田原さんが感じられたものだと思います。私もじんじんとまではいきませんが、平熱の身体よりは温かいと感じました。仕事柄、病院で亡くなられた方の遺体のエンゼルケア（闘病の跡や傷口をふさいだり、遺体を拭き清めたりするなどの死後処置の総称）をさせていただいたことは何度もあります。通常は20分前後でご家族には遺体とお別れをしていただいてから作業（ケア）に入るんですが、その時点ですでに遺体の手足は冷たいという印象しか私にはありませんでした。２時間以上たっていて背中があんなに温かいとは初めて知りました」

通常、遺体によっては感染症などの危険があるため、看護師が遺体に触れる際にはゴム手袋で作業を行うが、小柳はできる限り素手でやっていたというのに、だ。

「でも、講演会などで柴田さんが亡くなられた方の手足はすぐに冷たくなるが、背中やお腹はかなり長時間温かいと話されていましたから、こういうことかとも思ったんです。それでもご遺体の温かさにビックリしたという点では、私も田原さんと同じレベルでしたね」

その温もりと同じくらい、小柳を驚かせたのは西河が醸し出すほんわかとした優しい雰囲気だった。

「それまでの私のぎこちない空気の中では、ご遺族の方々からあまり言葉は出てこなかったんですね。ですけど、西河さんがいらして『どんなお父様でしたか？』と優しく尋ねられると、ご家族から言葉がぽろぽろとこぼれてきたんです。田原さんの奥様が『お父さん、いつも重たい本をたくさん持ってたわよねぇ』と言えば、田原さんも『そんなこと言うつもりはなかったんだけど、昨日の晩に親父の息子でよかったよって言っちゃったんですよ』とかね。そこで言葉が途切れても、西河さんはけっして急かされないんです。むしろ『無理に言葉にされなくてもいいんですよぉ』ぐらいのオーラを出されているように私には感じられて、その空気感だからこそ皆さんの言葉を引き出されているように見えました。ああっ、すごいなぁって」

その時点で20人ほどを看取っていた西河の振る舞いが、今回初めてだった小柳の目にはそう映ったのだろう。

午後9時過ぎ、部屋から退出する前に、西河が田原の母親に最後にもう一度抱きしめてあげてくださいとうながすと、母親は「何度でも抱きますよ」と言いながら父親に覆いかぶさるようにして抱きしめ、「死んでも愛してますよ」と声を上げた。

ところが、いざ退出する際には、遅れて到着した田原に最初に伝えた「お父さん、ちっとも苦しそうじゃなかったの。いつ息が止まったのか、わからなかったぐらいだわ」という部分を、田原相手に3度繰り返した。柴田によると看取りの過程で、認知症の親の意識がはっきりしたり、ふたたび元に戻ったりする場合があるという。

ちなみに、田原に確認すると、7日はドライアイスで遺体を冷やすことを特養側に断り、彼一人が父親の部屋で一泊。翌日は葬儀ができずに奈良の実家に遺体を移した。その翌朝に実家から葬儀場に搬送したのだが、その午前中も背中はまだ温かく、とくに臭いもしなかったという。

## 「プチ看取り」で作法を真似て練習する

後日、西河に話を聞いてみると、3月7日の看取りは田原たちがきちんと段階を踏んで迎えたものだった。西河は前月の2月26日にも容態が悪化した田原の父親を、特養に訪ねていた。田原が奈良に来ていることと、母親も同じ特養のショートステイ（介護保険で認定された要介護者が期間限定で施設に入居し、機能訓練などを受けながら生活すること）で滞在していることを知っていて、月末の面会予定日を2日早めたという。

「お父様が時おり顔をしかめてウーッと声を出されて、苦しそうにしていらしたんですね。すると、お母様や田原さんまでが『どうしたんや？』と言いながら、同じように顔をしかめられるわけです。ええ、そういうのは感染《うつ》るんですよ」

そこで西河は、まず母親に「お父様の手を握らせていただいてよろしいですか?」と了解を得てから、父親の手を握って顔を覗《のぞ》きこみ、「大丈夫ですよぉ」と3回ほど静かに伝えると、父親の顔のしわがすーっと消えて穏やかな表情に戻ったという。

「で、しばらくしてお父様がまた顔をしかめられると、今度はお母様が私を真似てお父様の手を握りながら、『大丈夫ですよぉ』と何度か言われると、やはり穏やかな表情に戻ったんです。つづいて田原さんも同じようにされました。お父様は寝つきが悪くて、田原さんも心配していらしたから、こうすればおさまるんだというのを実感されたと思いますよ」

手を握りながら「大丈夫ですよ」と伝える。

西河の看取る作法を真似ることで2人は練習をしていたことになる。その日も西河は母親に楽しかった思い出を尋ねていた。母親が語ったのは、小柳のときとは違い、大学から請われて夫が定年以降も長く教壇に立ちつづけたこと。

「もちろん、息子さんも退職された年度はご存知だったと思いますけど、その在職年数の長さにはあらためて驚かれたようで、『親父ってすごいなぁ』と言われました。しかも、お母様から間接的に聞かれたことで、お父様への尊敬の念をいっそう強くされたんじゃないでしょうか。ここからは私の想像ですけど、それが3月6日の田原さんからお父様への感謝の言葉につながったように思います。ですから看取りの作法を真似て、お父様への尊敬の思いを新たにするという点で、前月の26日が田原家にとってはプチ看取りみたいな1日だったんですよ」

プチ看取りという言葉は初耳だった。

また、西河の言う6日とは、冒頭に書いた「お父さんの息子に生まれてよかったよ」と、田原が父親に伝えた日のこと。一般的には「看取り」と聞くと最期の日のことと考えてしまいがちだが、急逝される場合を除き、看取り士から見れば本人と家族が一定の段階をへて迎えるものだと西河は話す。

## 死を受け入れる過程と瞬間が家族にも必要

当たり前だが田原も何の葛藤もなく、この日を迎えたわけではなかった。

小柳からこんな話を聞いた。2月中旬に田原の父親の血圧が急に低下して、彼女が特養を訪問したことがあった。幸い、そのときは血圧も元に戻って問題はなかったという。数時間後に到着した田原と彼女は、1階のロビーで少し雑談をした。

「田原さんは、『12月はもうダメかと思ったけれど、おかげさまで正月を越せて、節分も迎えられました。食事介助を受けているとはいえ、食欲も取り戻しつつあります。この状態がしばらくつづいて4月の桜、6月の紫陽花《あじさい》も見られるといいんですがね』と、そう言われたんですね。そのときに私は、去年の時点で看取りを依頼されているのにもかかわらず、実際にはお父様の死をまだ受け入れられておられないんだなと感じたわけです」

そう思うと小柳には、田原から投げかけられた質問も違ったものに思えてきた。

「本人が死ぬタイミングを決めるそうですが、ウチの親父はまだそういう時期じゃないですよね？」

「看護師の目から見て、今の父の状態はどう見えますか？」

「亡くなっているのに、身体が温かいってどういうことなんですか？」

それらは看取りに関する素朴な疑問でありつつ、その都度の田原の心の揺らぎを表すものに思えてきたのだという。

しかし、小柳は西河から後日こう諭されている。

「いくつになっても、親の死をそう簡単に受け入れられる人なんていないのよ。親御さんの看取りを私たちに依頼してこられたとしても、もう仕方ないかという気持ちと、1日でも長く生きてほしいという気持ちの狭間で、常に心が揺れ動いてしまう。家族である以上、それは当たり前のことなんです」と。

確かに、その田原の雑談や質問から、私の取材ではなかなか聞き出せなかった彼の葛藤が垣間見える。複数回の危篤状態やプチ看取りなどの日々をへて、彼は少しずつ看取りに向かって心を整えていったのだろう。

その経緯を振り返ると、3月6日に田原が「お父さんの息子に生まれてよかったよ」

と父親に伝えたのは、彼自身は無意識だったかもしれないが、田原が初めて頭と心の両方で父親の死を受け入れた瞬間だったことになる。本人だけでなく、看取る家族にも死を受け入れる過程と瞬間が必要とされる。看取り士の柴田が言う「亡くなる前が大事」と「最期が大事」とは、そんな意味合いを言いふくんでいる。

親の死と向き合うことは、子供である自分もいつか必ず死ぬ存在だということを突きつけられる瞬間でもある。だから親同様、子供にとってもけっして容易ではない。死を残念な敗北だと忌み嫌い、必要以上に遠ざけている社会で生活していればなおさらだ。

しかし、やれアンチエイジングだ、やれピンピンコロリだといった程度の死生観しか持とうとしない人たちや、「ご臨終です」の一言から20分もたてば、病室を追い出されてしまった人たちと比べれば、看取りの過程を不安や葛藤もふくめて丁寧に体験することはその分だけ人を成熟させるに違いない。

## 看取りは温かくて前向きなもの

「７日の夜もね、みんなでお父様の背中の温かさを共有させていただいた後で、しばらくしてから、私がお母様に『よかったら抱きしめてあげてください』とお伝えしたら、『何度でも抱きますよぉ、死んでも愛してます』と抱きしめられていました。それを目の当たりにされた息子さんたちも、きっと幸せだったと思いますよ」

西河は小さく微笑みながら語った。自分たちがそんな両親から生まれてきたことを知れば、確かに田原兄弟の自己肯定感もかなり高まったはずだ。

一方の看取り士は、養成講座で胎内体感プログラム（親との関係を時代を区切って、親の立場で振り返ること。第３章に詳細あり）を通して、両親と自分との関係を見つめ直し、愛されている（もしくは愛されていた）自分に気づくことで自己肯定感を高めることが求められる。看取りの現場で何が起きても、ぶれない自分をつくるためだ。

田原家の看取りの軌跡を振り返ると、家族が看取り士とともに一定の過程をへてたどり着く看取りにも、よく似た仕組みがあることがわかる。

元看護師の西河は語気を強めて次のように指摘する。

「病院での『ご臨終』は『生命の終わり』ということですが、死はそんな冷たくてマイナスなものじゃないんです。『いのち』はそんなもんじゃありません！　死はけっして終わりではなくて、私たちの心の中でずっと輝いて生きつづける『いのち』なんです。田原さんのご家族がお父様のいのちに寄り添い、それぞれの身体で触れて、抱きしめて、体感することで残された自分たちがよりよく生きていくための力をもらう。それが『いのちのバトン』を受けとること。句読点で言えば『。《まる》』ではなくてむしろ『、《てん》』で、看取りの時間を共有した家族と私たち看取り士さえも、お父様のエネルギーを受けとってそれぞれに生きていく、そんな温かくてもっと前向きなものなんです」

父親の死から3カ月強が過ぎた時点での取材で、田原は「いのちのバトン」を父から受けとれたのかどうかはうまく表現できないと率直に明かした。

一方で職場でも家庭でも、ふいに父親に話しかけることが増えたのだと付け加えた。それまでも自分自身に時おり話しかけていた延長線上で、父親がそこに新たに加わった感じらしい。「これ、どうしようか？」とか、「あれ、どう思う？」といった他愛《たわい》のない会話で、もちろん答えはない。

「それでも父親の一部が自分と一緒に生きている感じはするんですよ。自分の最期がただ暗いだけのものじゃないとわかると、今日という日が雨でも曇りでも輝いてくるし、ちゃんと生きようと思うじゃないですか。みんな死ぬことを暗いものや嫌なものだと決めつけて、ただ見ないようにしてるだけだと思いますよ。でも、誰もがいつかは死ぬわけですし、生と死は表裏一体で、どう死にたいんかを考えることは、どう生きたいんかを考えることのはずやのに、なんか生きることばっかりに執着する人が多くて、バランスが悪いような気がしますよね」

田原は関西弁の抑揚でさらっと言った。

職場の人には看取りの話は一切していないが、そういう話が気兼ねなくできる友人たちには普通に話していて、興味を持つ人も数人いたという。

## 佐藤恵の場合

約15年間の断絶をへて自宅介護中の母が言った「お姫様みたいだね」という感謝
アダルトチルドレンだった彼女が果たした約5カ月間の罪ほろぼし

### 生まれて初めて母に心情を語った約20年前の出来事

佐藤恵《めぐみ》（当時34歳）は自宅の13畳ほどのリビングで、ガラスと籐《とう》製の4人掛けテーブルをはさんで向き合う母（当時59歳）に慎重に言葉を選び、つとめて淡々とした口調で伝えた。

「今まで母さんの話をただただ黙って聞いてきたけど、もう、これ以上聞きたくないの。小さい頃から私は母さんが理由も伝えずに急に怒り出す度に、どうしていいのかわからなくて辛かったのよ。いつもお母さんの顔色をうかがってはビクビクしていて、気がついたらとにかくお母さんを怒らせないようにと思って常にいい子を演じるようになって、ずっと我慢してきちゃったけどもうおしまいにしたいの。私は小さくて大切な2人の息子たちのために心のスペースをじゅうぶんに空けておきたい。でも、お母さんに電話で色々言われると、私は今でも心の余裕がなくなって身体が硬直して震えてくる。その腹いせで大切な子供たちを傷つけるようなことを言ってしまうのは絶対に嫌なのよ」

一方の母は、眉間にしわを寄せながらも珍しく黙って聞いていた。当時、恵に次男が生まれて約3カ月後、長男は6歳になっていた。

「たぶん、わかってもらえないだろうなぁと思いつつ、万が一でも、わかってくれたらうれしいんだけどなぁという気持ちでした。ええ、母に対して自分の正直な気持ちをちゃんと伝えたのは、あのときが生まれて初めてでした。2人の子育てに自分のエネルギーを100％注ぐためには、母娘の縁が切れても仕方ないぞっていうぐらい思いつめていましたから。一方で、母の言動が今まで私をどれだけ傷つけたのか、それが私にとってどれだけ辛いことだったのかという事実は、しっかりと伝えなきゃいけないとも思っていました。そのショックで母がたとえうつ病になっても、あるいは何か早まったことをしたとしても私は息子たちを選ぶんだ、親にひどい思いをさせた娘であるという十字架を背負ってでも生きていくんだ、という覚悟でしたから」

こんな話になる予感は母にもあっただろうと思います、と恵は母親と対峙《たいじ》した約20年前の日のことを回想する。恵が暮らすマンションの玄関ドアを開けたときから、母の雰囲気がいつもと違って硬かったたし、それ以前から妹や親類への愚痴などの長電話に自分をつき合わせながらも、「めめ（恵の愛称）、何か思っていることがあるんじゃないの？」と、それとなく探りを入れるような言葉を口にすることも度々あったからだ。

## アダルトチルドレンからの34歳での卒業

恵は自身がアダルトチルドレンであることと向き合ったのは、長男の子育てがきっかけだった。かつての恵みたいに自分が大っ嫌いな子にはしたくないと意気込んで始めた子育てだったが、なかなか思うようにいかなかった。自責の念にかられて多くの本を読みあさり、自分がアダルトチルドレンだと気づいてカウンセリングを受けた。

アダルトチルドレンとは、アルコール依存症の親に育てられた子供など、現在の自分の生きづらさが親との関係に起因すると認めた人たちのこと。医師の診断を受ける必要はなく、自分がそうだと思えばいい自己認知のための用語（『重すぎる母　無関心な父』信田さよ子著／静山社文庫）。病気ではなく、まず自覚することが自分を変える第一歩になるからだ。たとえば子供を虐待する親や、仕事中毒で子供に関心を示さない親、夫婦ゲンカが絶えない親や、子供に愚痴や悪口を言いつづけて「感情のゴミ箱」にしてしまう親などに育てられた人たちに多いとされる。１９９６年にアダルトチルドレンという言葉が流行すると、恵もその年に先に著書を紹介した信田を訪ねている。

恵の場合、母からの攻撃を受けないようにと家庭の内外で常に「いい子」として振舞いつづけたために、「楽しい」や「腹が立つ」といった自分の感情を極力抑えて反抗期も持てないまま大人になってしまい、自己評価が低く、やりたいことや夢もない空っぽな自分を自覚することになったという。

一方、恵の長男はかなり腕白《わんぱく》な子供だった。

他人の持ち物でも自分が気にいると平気で取り上げるなどひっきりなしにトラブルを巻き起こし、その度に恵は苦しんだ。自分が親として至らないからだ、人として大切な何かが欠落しているから……。答えの見つからない葛藤の中で一人のたうち回っていても、母からの長電話がかかってきて、いつものように妹や親戚の不平不満を思いつくままに一気にまくし立てられた。

「……私が母親としてこんなに苦しんでいるのに、この人は昔と同じように私の気持ちなどまるで考えず、今なお他人を口汚く罵《ののし》ることを平気で繰り返している、それが私の苦しみの元凶なのに！……そう思うと、いい歳をして自分の無神経さに少しも気づかない母への嫌悪感が一気にふくらんでいきました」

母にまつわる忌まわしい思い出がフラッシュバックする。

まだ小学校低学年だった頃、親戚同士の集まりで従兄弟《いとこ》の子を引き合いに出されて、「なんで、あんたは○○ちゃんみたいにできないのよ！」と露骨に叱られたこと。

小学校高学年の授業参観でお芝居をやった時に脇役のピエロを演じたら、帰宅後に「なんで、あんたはあんな役なのよ！」とキレられて言葉を失ったこと。

憎々しげに「あんたなんかウチの子じゃないよ！」と怒鳴られて、傷つくよりも、そうか私の本当の優しいお母さんは他にいるんだと少しホッとした幼稚園時代のある夜。

「飛び降り自殺するのは痛いし血も流れるから、好きなときに自分の心臓を止められるスイッチが居間のテーブルにあればいいのに」と半ば本気で夢想していた10代の後半。

恵の胸に突き刺さっていた思い出が次々と脳裏を駆けめぐって目眩《めまい》がしそうだった。楽しい思い出がないわけではない。母の機嫌がいいときには一緒にバドミントンを楽しんだこともある。母の実家がある山形に帰る前には毎回新しい洋服を買ってくれたり、風邪を引くと水枕の位置にまで細かに気を配る優しさを見せてくれたりした（残念ながら身体は丈夫で、風邪をあまり引かない子供だったが）。

「でも、もうぎりぎりだと思いました。母が私のことを頼りにしているのはわかるし、できれば私も傷つけたくはない。祖父が早逝して祖母に女手一つで育てられた三男二女の長女で、我慢することの方が多かった母の生い立ちにも同情すべきところはある。だけどそれは母の事情だから母自身が解決すべき問題なんです。私はこのまま母との関係を続けていたら、私も2人の子どもも潰されてしまうと思って必死でしたね」

母と向き合ったその日も、恵は自身が「いい子」を演じつづけていた経緯などをふくめて、一方的に約1時間話して沈黙が訪れると母がすっくと立ち上がり、何も言わずに帰ろうとしたので恵は慌てて声をかけた。

「母さん、私の気持ちをちゃんと受け止めてくれてるの？」

「受け止めてるわよぉ！　この歳になって、こんな親不孝をされるだなんて思ってなかったよ！」

眉間のしわをいっそう深く刻み、敵意をむき出しにした顔を娘に一度だけ向けると、すたすたと玄関まで進み、振り返ることなく力任せにバーンと大きな音を立ててドアが閉められた。

「電話でもそうなんですけど、話している間に自分の怒りが高まるとガチャンと電話をよく切るんですよ。そのくせ後日また何事もなかったかのように『あっ、もしもし』って電話してくる。本人にはごく普通のことで、何の悪気もないんです。そして二言目には『親子なんだから』で済ませちゃう。昔からそうでした。当日の展開も予想できたことだったので、あの日以降、私は母からの電話には一切出ませんでした。もう徹底的に約15年間拒絶しちゃったんです。その期間は親類で集まる行事にも、母方の祖母の葬式以外は一切出ませんでした」

追いつめられた恵の想いが、以降、母と娘の間に約15年間の断絶をもたらす。

当時、女の子のアイドルグループSPEED（スピード）の『my graduation（マイ・グラデュエーション）』という歌が街中でよく流れていて、「今回は母の呪縛からの卒業なんだ」と思っていましたと恵は言った。

## 余命3カ月の告知と、約5カ月の自宅介護

およそ15年に及ぶ母娘の断絶は、母からの「体調が悪いから検査入院する」という電話によってあっけなく終わる。自分は口下手だから一緒に担当医の話を聞いてもらえないか、という依頼だった。73歳の母は看護助手として働きつづけていた。そのとき50歳の恵の胸に去来したのはこんな想いだった。

「私の心と身体が空くのを狙いすましていたかのような絶妙のタイミングでした。20歳で一人暮らしを始めた長男が22歳の誕生日に「母さん、産んでくれてありがとう」って

私をハグしてくれて、自分なりに頑張ってきた子育てで初めて報われたと感激したんです。その日からちょうど2週間後の、母からの電話だったからです。次男は当時まだ高校生でしたが、私が離婚すると彼は夫と同居することになり、当時の私は一人暮らしでした。また、長男の子育てもけっして大正解だったと自惚れていたわけではなくて、良かれと思って彼を傷つけたりしたこともあったと思うんですけど、長男はそんな私のダメさをふくめて許してくれました。それを思うとき、年老いて70過ぎまで一人で働き生きてきた母をまだ許せないと私が突き放すのは、あまりにも大人げないと思ったんです」

検査入院の初日に病院に付き添うと、まず恵だけが診察室に呼ばれて「末期の肝臓がんで余命3カ月」と告げられ、本人への告知をどうしますか、と矢継ぎ早に聞かれた。

「病院では絶対に死にたくないから自宅で過ごしたい」

看護助手として多くの死に方を嫌というほど見てきた母の決断だった。

「もし、私が看取り士の柴田さんと面識がなく、彼女の本を読んだり講演を聴いたりしていなければ、自宅介護なんて言われても戸惑ったはずです。仮に母から頼まれても、

『病院じゃ死にたくないっていうお母さんの気持ちはわかるけど、私は看護師でも医師でもないのよ。そんな素人に自宅介護なんてできると思うの？』って聞き返していたかもしれませんね。でも看取り士の活動と、終末期の人に医療でできることはほぼないことを私は知っていましたから、母の希望をかなえることに迷いはありませんでした。今振り返ると、母にあのとき二つ返事で快諾できたことが、私にとってもよかったと思いますね」

恵は自宅介護に至る、柴田との関係についてそう説明する。

くしくも柴田と恵の出会いと母の介護開始は同じ年だ。友人が主催した柴田の講演会を恵が聴きに行ったのが２０１３年２月。さらに柴田が暮らす鳥取県米子市に友人に付き添って会いに出かけたのが同６月。母から検査入院に付き添ってほしいという電話が約15年ぶりにかかってきたのが同９月。まるで恵が母の面倒を見るために、誰かが決めたかのような順番とタイミングだった。

## 「お姫様扱い」という罪ほろぼし

都内の2DKの母のアパートに、姉妹で担当曜日を分け、毎日どちらかが母の家に寝泊まりして身の回りの世話をする生活が9月から始まった。

「そこまで面倒見てもらえるとは母も思ってなかったと思いますよ。私も口にこそ出しませんでしたけど、とにかく残された時間が限られているので、『今日1日、母にも自分の人生は捨てたもんじゃなかったなって感じてもらえるように』と、それしか考えませんでした。もし15年近く音信不通のままで母に逝かれていたら、遺された私のほうが辛かっただろうなとも思いますし。私も母に傷つけられてきたけど、私も母を傷つけてきたからその罪ほろぼしとしても、いいきっかけを与えてもらったな、と。15年の断絶をへて向き合うと、母も以前と比べて角《かど》が取れ、屈託のない少女のようになっていました」

天気のいい日に散歩に出かけて、母は自分が好きな花があると他人の庭でも摘み取ろうとする。恵が叱ると悪戯を見つけられた子供みたいに知らんぷりをしたり、「あんなにたくさん咲いているのに?」と哀願するような顔で尋ねてきたりした。

アパートは最寄り駅から上り坂を少し上った場所にあり、母もだいぶ足腰が弱ってきていて、散歩に出ても恵が手をつないで歩くことが多かった。すると「あそこの娘さん、あんなシワクチャなおばあさん連れて大変だなって、近所の人たちも見てるだろうけど、嫌じゃなーい?」

母はそう言って恵の顔色をうかがってきたりした。当時73歳だが、娘に言わせるとそれは機嫌がいいときの母の姿だった。

「私がまだ小学生だった頃、母の故郷の山形を夏に訪ねたことがありました。まだ新幹線もなく、東京から特急電車を乗り継いで6時間ほどかけて帰っていた時代です。母は車中で私の両膝に頭を載せて、いきなり一人で爆睡していました。あるいは昔から暗闇が苦手で、自宅に夜帰ってきても『怖いからあんた先に入って』と小学生の私を先に入れたりするんです。そんな子供っぽい部分を娘の前でも隠さない人でしたから」

恵は母の好物のニンジンの天ぷらや煮魚、母が育った山形の叔母から送ってもらった里芋で山形名物の芋煮などを、小鉢に少しずつ品数を多めに並べて母を喜ばせた。深夜でもお腹が空いたと母が言えば、残りご飯で梅干しやサケのおにぎりを手早く握った。いのちの瀬戸際にあって食事の是非などあろうはずもなく、ただただ母の気持ちに瞬時にぴたりと寄り添う、それが恵の一貫した姿勢だった。

アパートの間取りは玄関のすぐ左側がトイレと浴室、右側が小さなキッチンで、2つの6畳間が壁で仕切られて縦に並んでいた。キッチン側の部屋は荷物や洋服でごった返した状態で、浴室側の部屋に玄関へ頭を向けたベッドと、テーブルとテレビがこぢんまり置かれた生活空間だった。

肝臓の機能が低下すると循環機能も落ちて血流も悪くなるので、母の足はむくむことが多かった。恵はイギリス式の簡単な足揉《も》み法を習い、丸椅子を買ってきてベッドの後方に腰掛け、アロマオイルをつけて母の両脚のふくらはぎから足裏までを丁寧に揉んであげて母の笑顔を引き出した。

「母が『いいのかねぇ、こんなお姫様扱いしてもらって』って言うから、私がいいんじゃない、お母さん今まで頑張って生きてきたんだから』って答えると、『この恩は返すから、期待して待ってろ』って母が言うから、はいはい、待たせていただきますよって」

長すぎた空白が嘘《うそ》みたいな、他愛のない母娘の会話と穏やかな時間。何気ない日常の中で母は時おりこぼれ落ちるように感謝の言葉を口にし始める。

## 家庭での日常だから、母の口からこぼれ落ちた感謝

自宅介護の日々の中で、恵は母の小さな本棚に数冊の本を見つけた。
『思春期の子どもの心をつかむ生徒指導』（垣内秀明／明治図書出版刊）
『父よ母よ！』（斎藤茂男著／講談社文庫。非行少年が育った境遇を綿密な取材と温かな視点でつづったノンフィクション）
約15年前の母の捨てゼリフが恵によみがえった。母親の言動に苦しめられてきたことを正直に打ち明けた時に、鬼のような形相の母から返ってきた言葉。
「この歳になって、こんな親不孝をされるだなんて思ってなかったよ！」
あの言葉とは裏腹に、遅ればせながら母なりに当時の娘の気持ちを理解しようとして

くれたことを察するに足る2冊だった。他にも思春期の子供の気持ちをテーマにした本が数冊並んでいた。

「私が小学3年生で書いた『私のお母さん』という表題の作文も、母は残していたんです。いきなり冒頭は『私のお母さんはとても怖いです』から始まるんですけど、最後は『そんなお母さんが大好きです』と、いい子らしく強引にまとめてあるんですよ。50歳を過ぎてそんなものを母が残してくれていたことを知って……」

そこまで話すと絶句した彼女の瞳は充血していた。

15年の断絶をへて、さらに40年前にまで一瞬にして引き戻される拙《つたな》い鉛筆書きの思い出。たかが親子、されど親子の、時にねじれながらも断ち切れない絆。母は恵が中学のときの制服も保管していた。「あんたのしか取ってないんだ、妹には内緒だよ。虫がつかんように陰干ししてとっといたんだ」と母はなぜかひそひそ声で言い添えたという。

「だから、もう一つの部屋が荷物でごった返している理由がよくわかりました。そんな古い作文や制服まで捨てずに残してあるなんて、さすが昭和13（1938）年生まれですよね。そもそも、あの人は情が濃すぎるんですよ」

一見、字面だけを追えば批判めいて読めなくもないが、その面映《おもは》ゆさをふくんだ恵の声音とまんざらでもない顔つきは、むしろ抑えきれずに漏れ出たうれしさを示していた。
一方、娘の甲斐甲斐しい世話を受けて心がゆるんだのか、あるいは病身ゆえの心細さなのか、母の口からも時おり感謝の言葉がこぼれ落ち始める。それは晩御飯を済ませてお茶でも入れようかというときだったり、お風呂から出て髪の毛をドライヤーで乾かしながらだったりする、何気ない日常の中で恵の耳に響いた。

「最後にここまで（姉妹で）よくしてくれるとは思わんかった」
「あんたたちはグレてもおかしくなかったのに、まっすぐに育ってくれてありがとう」
「（幼稚園の頃はオルガン、小学校からはピアノ教室に恵を通わせたのは）あれは母さんがあんたに習わせたかったんだよ」
「私の妹に言わせれば、まるで計画性のない人生かもしれんけど、これが母さんの精一杯だったよ」

娘たちへの感謝と愛情、そして自身の人生へのささやかな総括。我が強くて負けず嫌いのくせに怖がりで、子供っぽさと情の濃さが混在し、子供のためなら役所にも怒鳴り込む強さも併せ持っていた母の、どれもがまっすぐな想いだった。

「そんな感謝を素直に口にする人だったんだって驚きました。いや、グッとくるより、ビックリのほうが強かったですね。おそらく病院だったら聞けなかった気がします。周りの視線もあるし、どこか取り繕わなきゃいけない空間じゃないですか。それにあらたまってお礼を言うのって日本人は苦手だし、昭和13年生まれだからなおさらじゃないですか。だから住み慣れた家の日常の中でこそのつぶやきと言うか、まさに『こぼれ落ちた』という表現がぴったりくる感謝の言葉であり、母なりの総括でした。あれは家庭という場が持っている力だったと思いますし、私にとっては母からもらった『いのちのバトン』だったのかもしれませんね」

病院ではなく、自宅だからこそ誰に気兼ねすることなく、ゆったりとくつろげる。そこに異論のある人はいないだろう。ましてや、いのちの瀬戸際に家族と一緒にいれば、なおさらお互いに素直になれるはずだ。

恵の事例に限らず、幸せな看取りの時間はけっして関係が良好な親子だけのものではない。前項で取り上げた看取り士の西河美智子が担当した中で、母親のことを毛嫌いしていた息子の事例がある。大っ嫌いだった母親が亡くなる寸前に、西河が母親の右手を息子の前に突き出すと、とりあえず指１本だけを渋々つまみ、つづいて両手で母の右手を包み込んだかと思うと、いきなり彼は「ごめんなさい」と声を上げ、母を抱きしめて看取ったという。

柴田の著書にも、99歳の母親が最後は自宅で死にたいと言ったときに、当初は嫌がった74歳の息子の話が紹介されている（『看取り士』コスモ21刊）。自分たちがすべての面倒を見るから、何もする必要はないと柴田が説得して自宅に母親を戻すと、１週間後には息子が口もきけない母親の隣で寝起きするようになり、さらには自らオムツ交換までこなし、最期は「産んでくれてありがとう」という感謝の言葉で看取ったのだという。

「親子仲が悪かったけれど、最期に看取りをして良くなったケースは、息子さんの場合に多いようです。仲は良くなかったけれど最期の付き添いをして、命のバトンを受けとって改善したのでしょう」（前掲書から抜粋）

前項の田原についての箇所でも触れたが、看取り士にとって、看取りとは亡くなる当日だけを指すものではない。本人と家族がそれぞれに死を受け入れることと、家族が逝く人から「いのちのバトン」を受けとることをふくめてのものだ。その過程で憎しみや恨みさえも愛情が反転したりゆがんだりしたものに過ぎないと気づき、一連の否定的な感情さえ解きほぐしていく光景を看取り士たちは目の当たりにしている。

もちろん、個人差はあるだろうが、むしろ佐藤恵のように家族関係が悪いほど看取りの時間が親子にもたらすものは大きいのかもしれない。

話を元に戻すと、恵と母のそんな穏やかな日常も急転する。当初余命と言われた3カ月を過ぎ、2014年1月下旬に母は脳出血で意識を失った。

## 娘の心の闇も取り払い、帳尻を合わせて母は逝った

「頭が痛い」

母が変調を訴えたのはNHKの大河ドラマを観終えた後だった。恵が慌てて頭痛薬を

飲ませると嘔吐して意識を失った。救急車を呼んで最寄りの市民病院に駆け込むと、恵は診察室で出血して真っ黒に染まった、母の脳内のCT画像を見せられた。

肝臓がんが悪化して肝機能が低下すると、血液の流れを変えてしまう危険性があることは、恵も医師から説明を受けていた。行き場を失った一部の血流は静脈瘤《じょうみゃくりゅう》と呼ばれる瘤《こぶ》になって破裂したり、脳に流れ込んで脳出血を起こしたりする。今回の母は後者のほうだった。2014年1月26日夜のことだ。

「開頭手術をできなくもありませんが、また同じようなことが起こる可能性も否定できません。どうされますか?」

担当医の説明に、恵は少し考えさせてもらっていいかと断ってから、診察室をいったん出た。妹と郷里の山形にいる母の妹に電話をかけ、無駄な延命はせずにこのまま逝かせることで了解を取りつけた。個室が用意されて移動したのは深夜0時前。妹がタクシーで病院に駆けつけた。2人で母の手を無言で握ったり手足をさすったりしながら姉妹で見守った。時おりちらちらと見る心電図の波形は弱々しく、数値も頼りないほど低い。

「さっきまでテレビを観ながら一緒に過ごしていた母が今はもう口さえきけず、私たちはこの波形が平らになるのをただ待っているしかないのか……。頭ではわかっていても、まだ心のどこかでピンときていない感じでした。このとき心の中では色々と母に話しかけていたつもりですが、今になっては全然思い出せません。なんだかんだ言って、私のことを一番愛してくれて大事に思ってくれた人間がこの世から消えるんだなぁとは漠然と思っていました。一方で、『その瞬間が来たら私は泣けるんだろうか？』という疑問と不安も、心のどこかに渦巻いていたような気はします」

恵の率直な言葉だった。翌朝、恵の次男と元夫が病院に顔を見せた。

「おばあちゃん、（逝くのは）まだ早いぞ」

次男がそう声をかけると、心電図モニターの呼吸数が若干増えた。意識はなくなっても耳はまだ聞こえているというのは本当なんだと、皆で言い合った。いよいよ心電図の波形が平らになる寸前、恵はとっさに次男に「ちょっと代わって」と言うと同時にはね除けて、母に覆いかぶさるように取りすがり、

「お母さーん、よく頑張ったね、お疲れ様ぁ～！」

そう叫んで大泣きした、自分への猜疑《さいぎ》心を蹴散らすように涙が溢れ出ていた。

「山形から知人もいない東京に出てきて、自分の父も夫も早くに亡くし、一人で頑張って生きてきた人だから、子育ても頑張ろうとして娘の私も苦しみました。その結果、母娘としての行き来が長い間なかったわけですけど、ともに過ごせた最後の約5カ月間は、とても貴重な時間でした」

葬儀の際、恵は参列者を前にそう挨拶した。

当初は家族葬を考えていたが、母の同僚たちからお焼香をぜひさせてほしいと連絡を受けて一般葬に変更。職場での母は面倒見がいいベテランとして頼りにされていて、同僚たちと何度か旅行にも出かけ、楽しい時間を過ごしていたと知って恵はホッとした。

「亡くなって3年以上が過ぎた今振り返ると、身体が弱って我を張る力も失ってから、母もようやっと素直になれた部分があったのかなと思います。そんな母に苦しめられた私も、最期の時間をともに過ごせたことで親への憎しみや恨みといった、けっしてほめられたものじゃない感情を解くことができて、少しは人間らしくなれた気もしますし。結局は母が最後に身をもって私の心の闇も取り払って、帳尻を合わせてくれたのかなぁと思いますね」

葬儀から約5カ月後、恵は柴田の元で2泊3日の胎内体感を受けている。本来、親をきちんと看取るために看取り士になる人は、まず看取り士養成講座で講習とともに、この胎内体感のプログラムに取り組む。生まれた頃から順番に時期を区切り、親の立場で両親に自分がしてもらったことと、自分がして返したことを思い出すプログラム。その日ごとに最後は親の立場で子供の自分に、つづいて子供の立場で親に手紙を書くことを何度か反復して、親に愛されている（親が故人なら愛されていた）ことを確認し、親への思いをよりいっそう深めていく。

すでに母を看取った恵は順番が逆になるが、母に会いに行こうかと思ったのが動機だったという。

「私の場合は、振り返りが中学、高校時代に進むと（母に対して）嫌だったことがバーッと出てきて苦しくなってきました。途中、柴田さんに伝えると、『苦しみは笹舟にでも載せて流してください』と言われたんですが、『笹舟どころじゃ足りないほど大量なので、どうか豪華客船にしてください』って、私は思わず言っちゃいましたから。脳の中に間違って心臓が入ったのかと思うぐらいドクンドクンと激しく痛んだんです」

胎内体感終了後に、柴田にあらためて話すと、「恵さんが亡くなったお母さんの気持ちに立てるようになった分、母の気持ちに寄り添おうという想いと、恵さん自身のかつての苦しさも出てきてしまい、その２つの気持ちのせめぎ合いが強まったせいではないか」と言われたらしい。その後、時間がたつと恵は一皮むけたように清々《すがすが》しい気持ちになれた。最近は自宅にある母の写真に向かって、「じゃあ行ってくるね」とか、「ちょっと聞いてくれる」と、何かにつけて気軽に話しかけているという。

今春から彼女は保育園のスタッフとして働いている。母と距離を置くことを決意させた２人の子育てを終えて、これからどうやって生きていこうかと考えたときに、子育て以上に自分が夢中になれたものがなかったと気づいたからだ。必要な資格取得のための勉強と現場実習を並行させている。子供を抱いて立ち上がったりする際に膝を痛めて、整体院に先日行ってきたと苦笑しながら明かした。

取材を終えて最寄り駅へ向かう途中、絵本を使った幼児保育の多様な可能性についての研修を受けてきたと言い、彼女はその内容を嬉々として語りつづけた。

柴田は前掲書で、家庭に看取りを取り戻す目的をこう書いている。

「死は怖い、あるいは忌むべきものという考えから、死は喜びであり、感動であるというように根本的に考え方を変えなくてはいけません。

難しいことではありません。皆が持たないといけない基本的な人生観だと思います。

ひと昔前は、人は在宅で亡くなっていました。当時は暮らしの中に死の文化があったのに、現在、その文化を捨ててしまったのです。したがって看取りとは、ふつうに生活に根付いていたものの一つを取り戻そうとするものです。

（中略）

人が亡くなることにしても、それはふつうの暮らしの中のことなのに、愛する人が旅立つ時に皆が怖いと言います。何が怖いのでしょう。いっぱい愛してくれた人が旅立つのに、なぜ怖がる必要があるでしょうか」

# 第3章

# 誰でも学べる幸せな死に方と看取り方

看取り士の視点から、
誰でも学べる幸せな死に方と看取り方を紹介する。
また、技術以上に看取り士にとって重要と言われる、
強い自己肯定感を育むための
トレーニングについての私のトホホな体験談も
ご笑覧いただきたい。

看取り士養成講座の胎内体感プログラムを終えた参加者たちと柴田（奥）

## 「幸せな死」とは何か

住み慣れた自宅で死にたいという人が増えている。

2012年に内閣府が発表した「高齢者の健康に関する意識調査」によると、「治る見込みがない病気になった場合、どこで最期を迎えたいか」という問いに、55歳以上は自宅派が約55%で、病院派は約28%（図表③参照）。だが序章でも触れたが病院で亡くなる人が約75%で、自宅や老人施設をふくむ在宅死は約20%。

政府も増えつづける高齢者の医療費に歯止めをかけるために、従来の病院中心の医療体

**図③　万一、あなたが治る見込みがない病気になった場合、最期はどこで迎えたいですか**

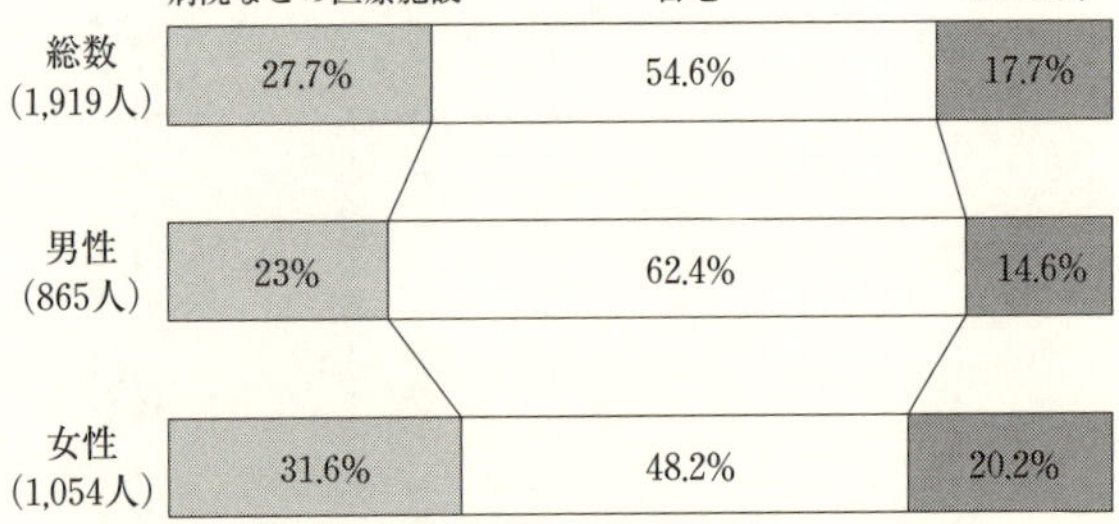


※「それ以外」には、兄弟姉妹の家、高齢者向けのケアつき施設、特別養護老人ホーム、その他、わからないを含む
※内閣府「高齢者の健康に関する意識調査」（平成24年9月）より作成

制から、地域や在宅中心の医療体制への移行を進めているが、実際の整備はあまり進んではいない。先に書いた「死ぬ場所は病院」という人々の固定観念も強く、「自宅で死ぬ」という発想すらない人も多いはずだ。

また、本人が自宅で死ぬことを希望しても、世話をすることになる家族の負担が現状では重く、なおかつ看取るための具体的なノウハウも持っていない。

実は、自宅で家族が看取る文化を復活させようと取り組む柴田だが、安易な自宅死願望には否定的だ。

「仮に住み慣れた自宅であっても、それが孤独死なら幸せな死に方とは言えないからです。幸せな死の最大の要点は、けっして場所ではありません。病院や施設と調整がつけば、自宅以外でも『いのちのバトン』を受けとることはできますから」

## 【幸せな死の3つのポイント】

彼女が挙げる「幸せな死」のポイントは3つある。

①夢があること
②支える人がいること
③自分で決める自由があること

## ①夢があること

「夢がある幸せな死に方」と耳にすれば、どんなイメージを持つだろうか。たとえば女性なら大好きな花に囲まれて、男性なら好きなクラシックか、ロックの曲をＢＧＭに流しながら、といったところか。

しかし、柴田の言う「夢」とはそんな表面的なことではない。

第１章でも紹介した「いのちのバトン」という考え方に基づき、「自分のいのちのエネルギーを家族に受けとってもらい、死んでもなお、それぞれの心の中で生きつづける」という夢のこと。それが彼女の言う「夢がある幸せな死」。さらに言えば、そんな死生観を家族と分かち合えることでもある。それがバトンである以上、渡す人と渡される人がいて初めて成立する。

それさえできれば死はけっして怖くない。当然、忌み嫌うべきものでもなくなると柴田は考えている。

## ②支える人がいること

第２章「親を看取って受けとったもの」で取り上げた人たちも三者三様ながら、それぞれの家族が「いのちのバトン」を受けとった点で、逝く人にはそれを支える人がいたことになる。

一方で、「支える人がいる幸せな死」はある意味、柴田が３つの中でもっとも重視しているものだ。なぜなら、死に場所が自宅か施設かよりも、誰に看取られるのかが「幸せな死」には欠かせないと彼女が考えているためだ。繰り返すが、仮に自宅で死ねたとしても、それが孤独死ではやはり幸せとは言えない。

「配偶者や家族、友人や親族に手を握りしめられて看取られること。できれば、奥さんや子供さんの一人でいいから最期に『愛している』と言ってもらえれば、人はそれだけで幸せな死を迎えられます。逆に言えば、たとえ1000億円の資産があっても、その一言がもらえない人は、やはり『幸せな死』とは言いづらいでしょう」（柴田）

### ③自分で決める自由があること

これは柴田が介護士として勤務していた老人ホームで、多くの入居者たちが施設や自宅で死にたいと希望しながら、最期は病院に送られて亡くなっていったという経験に根ざしている。入居者たちの切実な想いを目の当たりにしながら、ホームの方針には抗《あらが》えず、何もしてあげられない無力感と自己嫌悪に柴田は長い間苦しめられた。

「私たちには死に場所を自分で決める自由がない」

そう痛感した柴田は、後に島根の離島に「なごみの里」という看取りの家を立ち上げ、病院では死にたくないという人たちと暮らし、その胸に抱いて看取り始める。

先に書いたように、今も8割近くの人が病院で亡くなっている現状は、自分の死に方を選べる自由がかなり制限されていることの表れでもある。

「『尊厳ある死』と言いますが、『尊厳がある』とは『自己決定権がある』ことです。そ

れは憲法にも保証されています。でも実際には、それが人生の最終局面でまるで守られていないんです」（柴田）

一見、お金さえ出せば何でも買えて、どんなサービスでも受けられる社会のはずなのに、なぜか「幸せな死に方」について、私たちがどんな場所や方法を選べるのかと考えた場合、選択肢は極端に少ない。つまり柴田が意図的に、「幸せな死を自分で決める自由」があまりないことを直視させるために挙げたポイントだと気づかされる。

## 【幸せに逝くための３つのポイント】

終末期にある本人が幸せに逝くためのポイントとして、柴田は３つを挙げている。誤解を招かないように書いておくと、それらは柴田が今まで看取ってきた約２００人の高齢者と向き合う中で、本人や家族から実際に見聞きしたことから導き出したものだ。

①死ぬことを受け入れる
②必ずお迎えが来る
③逝く人は自分の最期をプロデュース（演出）する

## ①死ぬことを受け入れる

3つのポイントの中ではこれが一番難しいと柴田は指摘する。

どんなに死を覚悟しても、あるいは揺るぎない死生観を持った人であっても、死が近づくと恐怖や不安を感じて動揺してしまうからだ。

「私たち看取り士は、余命宣告をされた方にはゆっくりと時間をかけて、必要な死生観についてお話をしていきます。それによってご本人が世の中への執着を少しずつ捨てられ、その過程でご家族との別れや、一人で旅立つことを受け入れていかれます」（柴田）

しかし、その過程は簡単ではない。

たとえば、病院で最期を迎える人の中で、「せん妄」という状態が現れる人がいる。看護師や家族などに暴言を吐いたり暴力を振るったりする錯乱状態のこと。

柴田によると、そういう人はまず自宅にいたいと思っているのに病院にいざるをえないことを受け入れ、なおかつ、そこで自分が死ぬことも受け入れなくてはいけない。それら2つのことを受容できないとき、たとえば家族から「今日は天気がいいわね」と言われただけでも、本人は苛立《いらだ》ち、うるさいと感じてしまうという。

「せん妄が起きるのは、ご本人が死を受け入れようとしてもがいている時期でもあります。ただし、この状態で死を受け入れられる方は、はっきりとした死生観を持っている必要があります。ここで私が言う死生観とは、死がけっして終わりではなく、自分のエネルギーが『いのちのバトン』として家族にも受け継がれ、自分も家族の心の中に生きつづけるという前向きな考え方のことです。そうでない人には、まだ『どうして自分だけが……』という思いにとらわれていて、死をなかなか受け入れられない。あるいは、自分のことを周りが理解してくれていないという苛立ちが、周りへの暴言や、時には暴力という形で噴き出してしまいやすいんです」（柴田）

本人がせん妄状態になった場合、家族はそれを理解した上で、暴言を吐かれてもけっしてひるまず、そばにいてあげるべきだと柴田は忠告する。売り言葉に買い言葉でせん妄状態の相手を怒ったり、無視したりしてしまうと、本人はいっそう孤独感をつのらせたままで亡くなり、家族も後で悔いを残すことになりやすいからだ。

「やがて肉体が衰え、口をきくことも、自分の口で食べることもできなくなると、本人は死が近いことを実感としてわかり、死を徐々に受け入れることができるようになります。さらに死をいさぎよく受け入れて何事にも動じなくなったとき、人は死さえ幸せとして受け止められるようになります」（柴田）

だが、仮に死を受け入れられたとしても、お迎えの人の姿を見られないと人はまだ死ねない。

## ②必ずお迎えが来る

柴田は今まで多くの高齢者からお迎えの人が来たという話を聞かされてきた。彼ら彼女らの言う「お迎えの人」とは本人が顔見知りで、自分より先に亡くなった人が多い。もう話せない人でも、表情の変化を見れば「お迎えが来た」とわかると柴田は話す。

「表情がとても安らかになり、まるで光に包まれているかのように明るさを増すからです。お迎えが来る前には、脳内でモルヒネ（医療用麻薬）と同じ成分の物質が分泌されて、痛みや寒さ、恐れや暑さなども消えると言われます。人間の身体には元来そういう機能が備わっているので、その点でも死はけっして怖がるものでも、忌み嫌うべきものでもないのです。そのお迎えが来てからでないと人は逝けません」

実際に、お迎えが来るまではせん妄状態で、家族に暴言を吐いていた人が急に穏やかになったり、むしろ笑顔を見せるようになったりするのも、お迎えが来た証拠だと柴田は補足する。

また、お迎えの人は必ずしも自分が好きな人や、信頼する人とは限らないのかもしれない。第2章で登場した、母を看取った清水洋子は少なくともそう考えている。

洋子の母が逝った当日、満面の笑みを浮かべる母に「お迎えに立ったのは父なのか？」と尋ねると、母は片手を振って否定したが、結局、誰がお迎えに立ったのかはわからずじまいだったと私は書いた。

だが、母が亡くなった日が、生前の母が大嫌いだった義理の祖母、つまり夫の母の命日だったと後日知ったとき、洋子は直感した。お迎えに立ったのは姑だった、と。

「義理の祖母は生前、長男の嫁である母に執拗《しつよう》に嫌がらせをつづけた人でした。母はそのときの悔しさが生涯忘れられず、亡くなる前にも私に何度も繰り返したほどでした。つまり、母にとってこの世での最大の執着が義祖母への恨みだったわけです。その義祖母が自分のお迎えに立ってくれたことで、母が長い間手放せなかった最大の恨みもほどけ、心身ともにいっそう身軽になり、死ぬ間際のあの満面の笑みにつながったのではないか、と。仏になることが生前のさまざまな執着をほどいて旅立つことだとすれば、それが私には一番しっくりくる気がするんです」

洋子は確信めいた表情で私に話してくれた。

その真偽を明らかにすることはできない。だが、少なくとも洋子は家族全員を思わず笑顔にした、亡き母の満面の笑みの理由を8年後の今もそう信じている。昔から「嫌よ嫌よも好きのうち」と言うが、もし、それが本当なら、虫唾《むしず》が走るほど大嫌いだった人が身近にいる人は、どうか楽しみにしておいていただきたい。

## ③逝く人は自分の最期をプロデュース（演出）する

次章で触れるが、死ぬ間際に自分が葬儀で着るものや、招いてほしい人の名前などを家族に事前に伝えて、葬儀を自ら演出してしまう女性もいる。

私が以前取材した男性の母親が逝くときにも奇妙な偶然が重なった。

母親の様子がおかしいと感じた男性は、妹の携帯に電話をしたが留守電モード。とりあえず連絡が欲しいとメッセージを入れてから約２時間後、神奈川県に住む妹は義母と群馬まで遠出をしていて、現地から電話がかかってきた。それはまさに母親が兄の腕の中で事切れた瞬間だった。兄は母親を抱いていて携帯に出られず、代わりに電話に出た父親は母親の手を握っていて、その瞬間に家族４人が一つにつながったという。

ただの偶然の一致とも言えるが、その距離感といい、タイミングといい、母親による華麗なプロデュースにも見える。

「看取りの現場はそんな不思議なことの連続ですよ。ですから私は看取られるご家族の方々にも、ご本人が自分の最期を見事にプロデュースされるので、安心してお任せになって大丈夫ですとお話しししています」（柴田）

そんなプロデュース能力が自分にも備わっていると思えば、家族にも驚きと幸福感をもたらし、きっと自分もワクワクしながら幸せに逝けるはずだ。

## 【幸せに看取るための4つのポイント】

つづいて家族や友人が幸せに看取るためのポイントは4つ。これらは看取り士が現場で実際に行い、家族にもうながす基本動作でもある。

①肌の触れ合いを持つ
②「傾聴《けいちょう》・反復・沈黙」を繰り返す
③「大丈夫」と声をかける
④呼吸を合わせる

## ①肌の触れ合いを持つ

柴田の看取り士養成講座の中級講義を、私が見学していたときのこと。

「『皮膚は露出した脳である』と話す研究者もいます。ですから、まずは服の上からあなたの手を置き、その温もりで相手に安心感を与えます。つづいてその手にじかに触れて、相手が驚いたりせず、穏やかに受け入れてくれれば、その心をゆっくりと開かせることができます」

柴田はそう説明していた。あくまでもこれは看取り士として、依頼された相手と向き合う際の順序。その親密さにもよるが、家族や友人ならここまで慎重になる必要はないだろう。

一方で、子供時代を除けば、両親とスキンシップをとる機会は減っているし、関係が必ずしも良好な親子ばかりでもないだろう。その場合、お互いが触れ合うことに慣れるには、まずは服の上から、そして素肌という順番がより自然かもしれない。相手がどう受け止めるのかがわからない部分もあるし、外国人のように握手やハグ（抱き合うこと）が挨拶代わりという国民性でもない。

「とりわけ最期はご本人が身体を手放す瞬間です。そのときこそ、ご家族が身体を使って看取る必要があります。たとえば、意識が遠のいていく本人の手を握って自分の温もりを伝えてあげることで、本人がまだ現実世界に生きていることと、あなたや家族が近くにいることを同時に伝えられます」（柴田）

あるいは手を握る、腕や足をさする、そして抱きしめることで、言葉にはならない想いを相手に伝えることができると柴田は話す。

「最期は相手をギュッと抱きよせることで、言葉以上に『あなたが今ここに存在していることが大切です』という思いを伝えられます。遺される家族も、相手の身体が冷たくなるまでの数日間、折に触れて抱きしめることで喪失感を減らせます。同時に逝く人からは私たちが『いのちのバトン』と呼ぶ生きる喜びや希望、愛などを受けることができます」

## ②「傾聴・反復・沈黙」を繰り返す

ご飯が食べられなくなり、眠っている時間のほうが長くなり、やがて目を開けることさえできなくなる。ここまでくると本人はもう死が近いと気づいていると柴田は話す。

「死を目前にした人のことを100％理解することは、看取り士である私にもできません。それでも、ご本人の話を共感しながら聞くことはできる。それが傾聴です。一方の反復とは、相手が『ご飯がもう食べられない』と言えば、『もう、ご飯が食べられないですねぇ』と繰り返します。『どぉしたら？』と聞かれたら、『どぉしたら食べられるでしょうねぇ』と言葉を補って繰り返すこともあります。それが傾聴と反復です」

最後の「沈黙」とは、本人が言葉にできないような不安や恐怖さえ、沈黙を通して共有しようとすることだ。前の2つの動作に比べてレベルが一段高い。

「傾聴・反復・沈黙の3作法の目的は、どれも死が目前に迫った本人の不安や恐怖を、周りの人たちが多少なりとも分かち合うことでやわらげようとすること。ご家族は、高齢な親が今まで生きてこられた長い年月にも思いをはせ、親御さんから無形のエネルギーを受けとるために、努めて謙虚にそばでお仕えするという姿勢が大切です」

3つの技法の先にあるのは家族や友人の温もりを伝え、本人の温もりを家族が受けとることだと柴田は説明する。

### ③「大丈夫」と声をかける

「頑張っている母に頑張れとは言わずに、大丈夫と声をかけてやってください。娘より」

柴田の母が病院で亡くなる前、柴田が母のベッドの上にマジックペンでそう大書して貼り付けていた。死を目前にした人に頑張ることは何一つなく、むしろ周りは大丈夫と声をかけ、死への不安や恐怖を少しでもやわらげることが求められる。

第2章で元大学教授の父親を看取った田原の項でも、看取り士の作法を真似て、田原や母親が、父親の手を握りながら「大丈夫」と声をかけると、それまでうめき声を上げて苦しそうだった父親の表情が穏やかになったという場面を紹介した。

柴田はその著書で母親のこんな言葉を紹介している。

「ある日、母は『あなたの言う大丈夫が何なのか、分かった』と言いました。『こちらの世界にはあなたがいる。あちらの世界にはもう旅立ったおじいちゃん、おばあちゃんがいてくれるから大丈夫なのね』と言うのです」(『看取り士』より抜粋)

日本人はついつい「頑張って」と言いがちだが、看取りにおいては禁句だと覚えておきたい。

## ④呼吸を合わせる

死を目前にすると人は呼吸が荒くなる。柴田はその際に、まずは相手の速い呼吸のペースに合わせてから、次第に自分の呼吸を遅く深くすることで、相手の呼吸を少しずつ落ち着かせていく。

「手を握りながら、あるいは抱きしめながら呼吸を合わせます。それは私のペースに合わせるのではなく、相手にとってもっとも適正な呼吸のペースを探る、という感じです。それらが連動して自分と相手が一体になったような感覚が訪れると、相手も同じように感じてくれています。とても心地よくて、それまで苦しめられていた死の不安や恐怖もなくなります。呼吸が合うことで深い安心感が得られるためです。私の今までの経験で言えば、その状態になるのに通常は10分が目安です。まだ小さなお子さんが３人もいて、生きることへの執着が強く、死をなかなか受け入れられなかった女性のときには約40分かかったこともあります」（柴田）

自分の呼吸のリズムが他人と共有されると、相手には自身の存在を受け入れられているという自己肯定感が生まれる。先の相手と一体になった感覚に、この自己肯定感が加わることで、逝く人を安らぎの世界へ導けると柴田は言う。

基本的な呼吸法としては、柴田が実践している『呼吸入門』（齋藤孝著／角川書店刊）のノウハウを、自身の著書でも紹介している。意識を丹田《たんでん》に集めて、お腹でゆったりと呼吸をする。鼻から3秒吸いこみ、お腹で2秒ためて、15秒かけて口からゆっくりと細く吐き出す「3・2・15」の呼吸法だ。

以上の4つの基本動作を反復することで、本人と家族がその絆を深められる。それが死に対して不安や恐怖におびえる本人を落ち着かせ、看取る家族をも穏やかな気持ちにさせる。

## 看取り士の具体的な役割

看取り士の仕事は、自宅で最期を迎えたいという本人やその家族からの依頼を受けて、余命宣告を受ける前後から始まり、その遺体が納棺される前までつづく。その間、本人や家族に寄り添い、さまざまな悩みや不安に答えながら看取りの準備をする。

　この章では、より具体的にその仕事を紹介したい。

「多いのは、病院で死にたくないので家に帰りたいが、どうすればいいのか、という相談ですね。また、どのように死ぬのが幸せなのか、という質問も多い。私たち看取り士は、余命告知を受けてから長い場合で3カ月、短いと2週間程度、本人の状態を見ながら定期的に訪問します。その過程で本人やご家族に『いのちのバトン』を受けとるという死生観をご説明しながら、先に紹介した本人が幸せに逝くための、もしくはご家族が幸せに看取るためのポイントを少しずつお伝えしていきます」（柴田）

　また、50、60歳で余命宣告を受けた場合は、お墓やお葬式の相談も受ける。医師や介護保険のケアマネージャーとの連携も必ず行う。

「一番重要なのは、自宅で亡くなった場合に医師の死亡診断書がなければ、事件性がある死として、自宅に警察と警察医が来て事情聴取や検死が行われることです。それを避けるためにも、近所の医師との打ち合わせは絶対に必要です。自宅で家族に看取られる文化を取り戻したいというのが、私たち日本看取り士会の目指すところですが、前にも触れましたが、死に場所としての自宅に固執しているわけではありません」（柴田）

また、自宅で看取られたいと決意していても、本人の気持ちが揺れることはよくあるという。柴田は本人の容態が急変したり、予想以上の痛みに苦しみ始めた場合には救急車を呼ぶことを勧める。

「そのとき、看取り士は病院へ行ってご家族と一緒にお看取りします。あくまでも『どこで』よりも『誰に看取られるのか』が『幸せな死』にとって大切だからです」

自宅で看取る場合、本人の口がきけなくなると、家族としてどう支えるのかを話し合い、前にも書いた幸せな看取りのポイントを踏まえて、より本人と家族の一体感を高める時間をつくっていくのも看取り士の仕事だ。

たとえば、夜中に亡くなった場合、すぐに医師には連絡せず、柴田は朝までは家族で本人の体温を感じながら過ごす時間にあてることが多い。

「亡くなってもまだ温かい本人の身体に触れたりさすったりしながら、『いのちのバトン』を受けとる時間にあてるためです。家族と一緒に本人の身体をきれいに拭き、事前に決めていた本人の一番好きな服に着替えさせてあげることもあります。医師も夜中に駆けつけるより、朝になってから来るほうが楽だからです」

看取り士の仕事は、遺体を葬儀社に引き渡す前で終わる。

第2章で父親を看取った田原の事例を紹介した。看取り士との面会を重ねる中で、その作法を家族も真似て学び、本人も家族も次第に死を受け入れていくことになる。

## 家族の負担を減らすエンゼルチーム

自宅で看取る場合でも、家族が食事をしたり、入浴したり、買い物に出かける時間がある。そんなときに家族に代わって終末期の人に寄り添うのがエンゼルチーム。「そばにいて手を握ること」と「見守ること」が主な仕事だ。家族が少し目を離した隙に、容態が急変してしまうことを防ぐ目的もある。

看取り士は1時間8000円の有償だが、エンゼルチームは無償のボランティア。自宅での看取りでは家族の負担を少しでも減らすために、日本看取り士会では最後の1カ月間を目安に看取り士とエンゼルチームで看取る体制をとる。

「エンゼルチームの人間は『そばにいて手を握ること』と『見守ること』以外のことはしてはいけないことになっています」と柴田は言う。

「それ以外のことをしてしまうと『ただ寄り添うこと』が、終末期の人にとって、どれだけ力を持つのかがエンゼルチームのスタッフ自身にも体感できないからです。しかし、ボランティアというと、誰かに何かをしてあげることだという固定観念が強い人には、2つのことしかしないエンゼルチームは、逆に大きなストレスになる場合もあります」

そのためエンゼルチームは1人3時間までと決められている。より息の長い活動をしてもらうためだ。目安としては終末期の1人につき、10人のエンゼルチームを組むのが理想とされる。

エンゼルチームは全国に289支部の登録がある（2017年5月末時点）。同チームの内訳は5歳から85歳までと幅広く、電話をかけられることが前提条件。「そばにいて手を握ること」と「見守ること」なら誰にでもできるからだ。

## 看取り士に欠かせない胎内体感で親子関係を振り返る

この章では、看取り士の仕事を軸に、誰でも学べる幸せな死に方と看取り方について書いてきた。だが、柴田は個々の技術以上に、看取り士に重要なのは自己肯定感だという。

「人生の最期は逝く人も家族も感情の起伏が激しくなるため、看取り士には沈着冷静な対応が求められます。看取り士が動揺すると、逝く人は安らかに旅立てませんし、家族も不安になり、喪失感だけを膨《ふく》らませてしまいます。看取り士は自己肯定感をしっかりと持ち、どんな状況にも動じない心の強さが求められます」

しかし、子供も大人も教室や職場では人間関係や成績、他者評価などで多くのストレスを抱えていて、自己肯定感をなかなか持ちづらい面がある。

看取り士が自己肯定感をどうやって習得するのかを知りたくて、私は２０１６年11月に鳥取県米子市へ向かった。日本看取り士会が主催する、５泊６日の「看取り士養成講座」胎内体感研修に３日間だけ途中参加するためだ。

「自分が子供の頃に親にしてもらったことと、自分が親にして返してあげられたこと。この2点について、親の立場で、自分の子供時代から成人するまでを区切りながら順に振り返り、自問自答をひたすら反復することを、『胎内体感』と呼んでいます」

この講座参加時が初対面だった柴田はそう説明してくれた。

座卓で向き合っているときには感じなかったが、立ち上がると柴田は予想以上に小柄で身長150cm・体重40kgしかないという。色白な顔に笑みを絶やさない表情が印象に残った。

胎内体感に集中するために電話やインターネットへの接続、さらに同室の人との会話も禁止された。もちろん、禁酒禁煙で外出と買い物も禁止。自分と親との関係にひたすら向き合うために時間をあてるためだ。

さっそく当日の午後から、男性1人が宿泊している和室に入り、部屋の隅と正対する形で、衝立《ついたて》で畳一畳分ほどの広さに仕切られた場所に座る。亡くなる直前の人は身体も動かせず、話せず、視界も暗くなる。狭くて暗い空間でその状態を疑似体験するのも狙いの一つ。私は座禅を組むのと体育座りを併用した。

親との関係を振り返る際のポイントは親の立場に立つこと。

すると、子供時代に一人で写っている写真でも、それを撮影していたであろう父親や、その傍らで微笑みながら見守っていたはずの母親の姿を思い浮かべられる。親との間にわだかまりがある人でも、1枚の写真から自分が親に愛されていた光景が立ち上がってくるというわけだ。看取り士の清水直美は、親子関係をこじらせている場合にも胎内体感は役に立つという。

「大人や親になってから親子関係を振り返ると、両親の短所にも想像力が働き、子供時代の親との嫌な思い出も少しは寛容に理解できるようになるためです。その愛し方に上手下手の違いはあっても、親に愛されていた事実を発見することで自己肯定感を持つことができます。看取り士になっても、胎内体感を日々反復してその肯定感をさらに育んでいきます」

1日の日程は次の通り。午前5時半起床・自室の掃除。6時から8時まで自主胎内体感。8時から9時が朝食と散歩。9時から12時まで胎内体感。12時から13時は昼食。13時から17時半が胎内体感。17時半から夕食、18時から感想記入や入浴などで、21時に就寝。振り返る時期を1時間半単位で区切り、その都度、看取り士会の胎内体感講師が、親にしてもらったことと、親にして返したことを聞きにくる。

## 「欠点が多いからこそ自分を肯定しようと思う」という視点

夕食後から就寝までの3時間では、当日に振り返ったことを踏まえ、まずは親の立場で自分に宛てた手紙の体裁で文章を書く。その手紙を踏まえて、次は子供の立場で親に返事を書く。その作業を一人で反復して親子関係を「愛し、愛されていた」記憶としてより深く掘り下げていく。この〝一人文通《ひとりぶんつう》〟はロールレターリングと呼ばれる。

私が約6年前に他界した母親（享年68）との間でやり取りをした文章を一部紹介する。大阪生まれの私が、京都生まれの母親へ宛てた手紙体裁なので一部関西弁だ。筆者の母は心臓弁膜症を長く患い、晩年は心臓にペースメーカーを入れていのちをつないでいた。血液の逆流を防ぐために心臓にある4つの弁が炎症などで機能しづらくなり不整脈などを起こし、手足のしびれや腰痛などに悩まされる病気だ。

私から母へ（11月4日）

「……お母さんならこう書いてくるだろうなと想像すると、意外とすらすら書くことができて、自分でも驚いたわ。しかも、それは僕の生き方や働き方、言動や性格の長短所もふくめてすべてを肯定するものでした。子供への愛情よりも前に、母親の心には子供がどんな境遇にあっても、生きていること自体への全面的な肯定があることに今更ながら気づかされ、この世にはいないお母さんに背中からギュッと抱きすくめられているかのような温かさに包まれた。お母さんにしかできへん、まさに圧倒的な全肯定でした」

母から私へ（11月4日）

「全面的な肯定か。確かにあんたが総理大臣でも、フリーの物書きでも、できたら勘弁してほしいけど殺人犯になったとしても、根っこの部分での信頼感は全肯定かもしれへんなぁ。自分が産み落とした子が社会に巣立ち、苦渋や辛酸をなめて、その心根が傷みゆがんだとしても性善説の根っこは疑えへん。疑いようがない。それが時に親バカと皮叱られることがあってもな」

私から母へ（11月5日）
「どんなに歳を重ねて、気力や体力にも衰えが気になる年齢になっても、世界中でただ一人だけでも自分を全肯定してくれる存在がいてくれることはとても心強いわ。そう考えると、夫婦間の愛情もそれに準ずるものとして、『そのままのあなたでいいよ』という肯定感が大前提やなと気づく。お互いに長所も短所もあって、それらも一切合切ふくめて『そのままのあなた』を受け入れ合って、日々の暮らしがつづいている」

母から私へ（11月5日）
「あんたら夫婦と比べると、私たち夫婦はあまりいい見本でなかったかもしれません。それは息子であるあんたもじゅうぶんに知っていることとは思いますが。それでも私が時おり家計簿の隅に書き留めたメモ書きにもあったように、『相手の長所も見つけよう』と私なりに暮らしてきた49年間でした。ふふふっ、50年に1年足りんところがお母さんらしいって？　あんたなぁ……。

でも肉体を失って5年が過ぎて思うのは、欠点が多いからこそ、人は自分を肯定しようと思うんじゃないかということです。でないと希望を持って生きていけない。人はそんなに強い生き物じゃないからです。むしろ弱っちくて、汚らわしくて、せこくて、臆病なくせに、欲深かったりもする。だから肯定してあげないときっと壊れてしまうんやわ。でも、肯定することで相手も自分も少しだけ強くなれるのなら、肯定するところから始めるべきやと思います」

私から母へ（11月5日）

「むしろ、欠点が多いからこそ肯定するところから始めるべきか。お母さん、面白いこと言うなぁ。自分の軌跡を振り返っても、肯定より否定のほうが圧倒的に多かったと思います。53年間も否定しつづけて、そんなもんかと言われそうやけどな。人生の折り返し地点も過ぎた今、今度は肯定を増やしたり、肯定から始めたりしてみるのも一案かもしれません。もちろん、自他ともに肯定すること」

母から私へ（11月5日）

「自分はともかく、他人を肯定するのがあんたには難しそうやけどな（笑）。でも肯定を増やすこと、肯定から始めてみることは、いい考えやと思います。それはあなたの書く文章にも新たな視点と奥行を与えてくれるはずです。その変化に私とのやり取りが少しでも役に立てるのなら、とても喜ばしいことです。私こそ、どうもありがとう。ずっと見守ってるで」

## 心を浄化してリセットするには涙が必要

恥を忍んで抜き書きしてみると、どちらも私一人で書いているものながら、5日付の母の「欠点が多いからこそ人は自分を肯定しようと思うんじゃないか」という指摘で、話が一気に深まっていることがわかる。私自身もまるで考えたことがない視点だった。これは母の立場で書くという設定がもたらした果実だろう。

また、正直に書くと、当時53歳の私は文章をつづりながら、時おりこみ上げてくる涙をこらえ切れなかった。「お母さんに背中からギュッと抱きすくめられているかのような温かさ」「世界中でただ一人だけでも自分を全肯定してくれる存在」「ずっと見守ってるで」などの部分を書きながら、葬儀の時のまるで昼寝でもしているような安らかな母の顔が思い出されてグッときてしまった。どうぞ、お笑いいただきたい。

最初は「母の胎内」にいる頃を想像しようと試みたが、全然できずに内心焦っていた（出産経験のある女性は割とすんなりと胎内を想像できるらしい）。だが、母との手紙体裁のやり取りを通して、生まれる前に母親の胎内にいた頃と同じように今なお生かされている自分と、いのちの有り難さが身に沁《し》みたとき、ようやく「胎内体感」という言葉の真意にも触れられた気がした。

くしくもそれは柴田が小学6年生で経験した実父との死別の際、父親の最期の言葉「くんちゃん、ありがとう」から柴田が受けとった、人が生きてただ在ることへの全面的な肯定のメッセージと同じだった。

「幼かった私は、父に『ありがとう』と言われるようなことは何もしていません。でも、父は私がただ存在しているだけで感謝してくれました。何かできることや、お金や物をたくさん持つことは、私たち自身の存在の尊さから見れば、取るに足りないことなのです。それはあなたの存在こそが縁ある人々の宝物だからです」

鳥取での養成講座最終日は参加者が一堂に会し、各自が親に宛て書いた文章を2つのグループに分かれて読み合った。その際、親とのこじれた関係が胎内体感によって解きほぐされた経緯を読み返しながら、人目もはばからずに嗚咽《おえつ》する人たちがいた。それは子供時代から思春期にかけて、幼い心にバラの棘《とげ》のように刺さった親との苦い記憶の断片を、大人になってようやっと引き抜くことができたカタルシスの涙にも見えた。

「心を浄化してリセットするには涙が必要なんです。そこで涙をこらえていては逆にダメだから、あれは必要な涙なんです」

柴田にそう言われて私も妙にホッとさせられた。

また、せっかく有名な温泉地で3日間も過ごしながら、自分ととことん向き合うために大浴場には入れず部屋のユニットバスでしか堪能できなかったこと、連日の座禅姿勢で腰がパンパンに張ってしまい2日目の午後には部屋から出る際、おじいちゃんみたいに腰をひん曲げてとぼとぼとと歩かざるをえなかったこと、さらには情報をそこまで遮断したからこそ親との関係を見つめ直せて新たな視座も手にできたと同時に、普段何気なく接している情報の大半が雑音《ノイズ》に過ぎないと実感できたことを付記しておく。

# 第4章

# 私が看取り士になった理由

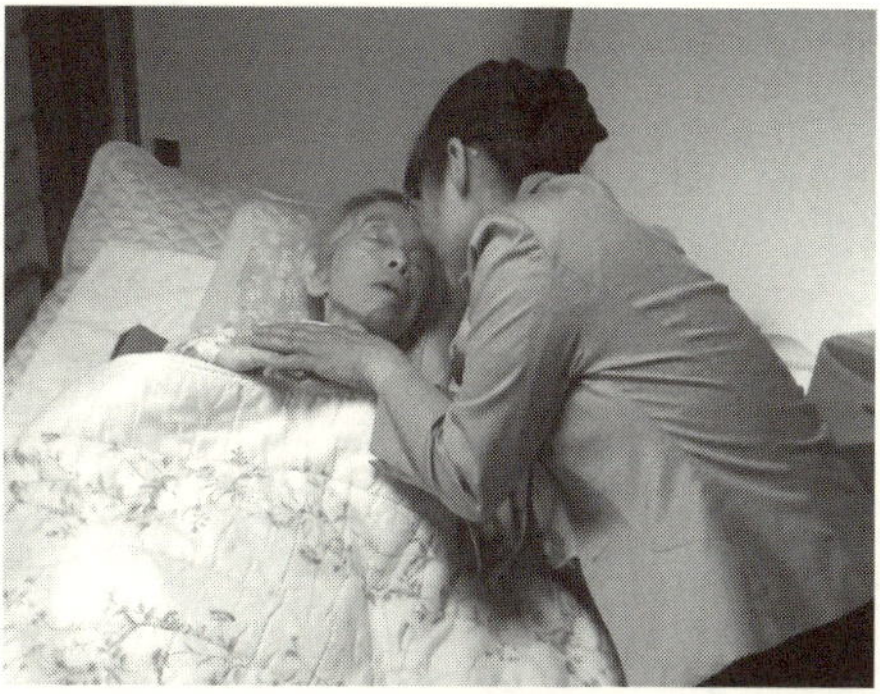

米子市に看取り士として在宅支援を始めたころの柴田。利用社宅で

看護師や介護士から、あるいは老いた親をきちんと看取るために、看取り士になった3人の軌跡。彼ら彼女らがそれぞれの現場で覚えた違和感を通して、病院や老人施設が抱える問題点も見えてくる。

## 河合奈美（仮名）の場合

患者よりも心電図モニター依存の医療現場が量産する「冷たい死」への違和感
看護師の彼女が祖母の「温かい死」をきっかけに巡り合った看取りの現場

### 実家で遭遇した祖母の「温かい死」

「看護師の私が、なぜ看取り士の資格を取ろうと思ったのか。その答えらしきものを考えると、約18年前に見た祖母の死にまでさかのぼる必要があるんです」

河合奈美（49歳）は、事前に書いてきてくれた2枚の紙に視線を落としながら、おもむろに口を開いた。河合が総病床数500床の大手病院で働き始めて9年目、1999年のことだ。寝たきりの祖母（当時89歳）は急に抱き起こされて驚いたのか、「アーッ、アーッ」と大きな声を2度上げてから、操り糸が切れた人形みたいに河合の母親の両腕にくずおれた。

「おばあちゃん、おばあちゃん！」

母親が異変を察して祖母の身体を揺すりながら声をかけた。

新しい浴衣に着替えさせようと母親が掛け布団をめくり、叔母と2人がかりで祖母を抱き起こした直後のことだった。

「息してないよ、息してない！」

祖母を抱きしめたままの母親が眉間にしわを寄せ、強《こわ》ばった表情で娘の河合のほうを振り返ってそう叫んだので、河合は慌てて別の部屋にいた父や夫に知らせようと急いだ。

祖母は筋金入りの病院嫌いだった。末期の胃がんが見つかった後も、自宅で暮らすと言い張って母や家族を困惑させたが、最期は自らの意志を見事に貫き通したことになる。

別の部屋にいた父や夫たちも慌てて祖母の部屋に駆け込んで来た。

河合の母の実家は平屋の一戸建てで、祖母が寝起きしていたのは玄関からほど近い廊下伝いの8畳の和室だった。訪問看護師が週1回来るようになってから、一間奥まった場所にあった祖母の部屋から、より玄関に近い部屋に布団ごと移動させていた。

祖母の布団をはさんで廊下側に母と河合、奥側に父と叔父と叔母が並んで押し黙ったまま祖母を見つめていた。その顔には白い布がかぶせられていた。親戚らが三々五々集まり始め、8畳の重たい沈黙に別室で騒ぐ幼い従兄弟たちの嬌声《きょうせい》が分け入ってくる。

「とても温かい死だな」

看護師である河合はふいにそう思った。人が自宅で家族に看取られるのを目の当たりにしたのは初めてだった。

「直感的にそう感じたんです。仕事柄、病院でたくさんの死に接してきたからこそ、無意識にそれらと比べたんだと思います。やはり人工呼吸器や心電図モニターなどのチューブが、祖母に1本もつながれていなかったこともあると思いますね。それに病院では患者さんですが、実家では家族という感覚がより強いじゃないですか。しかも偶然でしたが、母がその胸に祖母を抱きしめて看取っていました。あの映像が私の脳裏には強烈にこびり付きました。看取り士になった今考えると、あれが私には『温かい死』をもっとも象徴するものだったと思いますね。病院では見たこともない光景でしたから」

実は祖母の死以降、職場での仕事に対する違和感が少しずつふくらみ始めていたんですと彼女はつづけた。ちなみに約22年間勤めた大病院から、河合は7年前に現在の勤務先である地域の診療所に転職している。彼女の言う違和感とは、主に大病院時代の職場に対するものだ。

## 病院で「冷たい死」を感じさせるもの

実家で母に抱きしめられて逝った祖母が感じさせた「温かい死」。

それとは対照的なものとして河合がまず挙げたのは、目の前にいる患者よりも、心電図のデータなどに依存するモニター看護とモニター診療。看護師と医師、それぞれの仕事ぶりへの違和感だ。

彼女が勤務していた大病院では各階のナースステーションで、担当する重症患者たちの心電図モニターを見られるようになっていた。

「心拍数や血圧が急に上がったり下がったりするような急変時には、モニターのアラーム音が鳴るんです。わざわざ病室に行かなくても、ナースステーションでモニターを見てさえいれば異常に気づけるわけです」

モニターを見ながら看護師同士で、『○○さん、そろそろ危ないわね』といった会話が交わされることもある。また、若い研修医もナースステーションに来てモニター画面と採血などの検査データなどを見れば、投薬や治療効果を大方把握できると河合は説明する。

「ですから研修医時代から、病室への回診は形式上こなしているだけという人も多かったですね。個々の患者さんと人間関係を築き、その人生を踏まえた上で治療に役立てようという意思があるかないかは、その医師の1日の仕事ぶりを見ればすぐにわかりますから」

臨終時になると患者本人ではなく、患者のベッドに設置された心電図モニターの波形を、看護師と家族がそろって固唾《かたず》を飲んで見つめている。そんなちぐはぐな光景が日常茶飯事になっていた。

もう一つは病院での孤独死。

「心筋梗塞や脳溢血《いっけつ》などで緊急搬送されてきた患者さんに対して、『なんとか助けてください』と熱望したはずの家族が、いざ延命治療を施されると意思の疎通がとれないせいか、次第にお見舞いの回数も減り病院からも足が遠のいていくわけです。容態急変時

に連絡しても連絡自体が取れなくなっていたりするケースも見てきました」（河合）

医療が高度化したがゆえに生み出された「冷たい死」と言える。

最後の３つ目は、患者の意思よりも病院の都合が優先される風潮だ。

「最初は大部屋で療養していても、病状が悪化するにつれて２人部屋、亡くなる直前は個室という順番で患者さんが移されていくわけです。ええ、周りの患者さんを動揺させないためにです。もし、同じフロアで個室が空いてなければ、違うフロアに移すこともありましたね。でも、患者さんの側からすれば体調が悪くなっているわけですから、環境はあまり変えてほしくないでしょうし、顔なじみの看護師さんのほうがいいはずなんですよね。だけど患者さんの希望より、病室の稼働率という病院の都合がそこでは優先されてしまうわけです」

ただし、と河合はこう補足した。

「緩和ケアやがんのホスピス病棟では、患者の尊厳に配慮したり、家族と大切な時間を過ごせる取り組みが進められているとも聞きます。また、私が辞める頃に勤務先の病院では亡くなった方のご家族に、看護師と一緒に死に化粧や身体をきれいに拭いたりする働きかけが始められてもいました。あくまでもこれは２０１０年時点での話であり、その当時の私の違和感であることを前提にしていただきたいですね」

だが、それらを差し引いても患者軽視になりがちな3つの現実を知れば、病院嫌いな河合の祖母の意思を尊重し、偶然ではあっても祖母を抱きしめて看取った母親の姿に「温かい死」を直感した、河合の気持ちに共感する人は多いはずだ。

一方で、現在の病院の仕組みでもできることはあるとも河合は指摘する。

「まず、ご本人の息が止まるまでの時間なら、看護師からご家族に対して『お声をかけてあげてください』とか、『顔や手に触れてあげてください』と、看取り士のようにうながすことはできると思いますよ。あとは家族側からの希望があり、病院や医師の理解が得られれば、亡くなって1時間ぐらいなら、家族で囲んで故人の軌跡の振り返りはやったほうがいいと思います。それだけでも『冷たい死』の印象はかなり払拭《ふっしょく》できるはずですから。しかし、遺体が冷たくなるまで抱きしめたり触れたりするとなれば、やはり自宅で看取るしかないでしょうね」

河合が看取り士の資格を取得したのは２０１７年。地域診療所で高齢者の自宅を対象に訪問医療に出かけることも多く、看取り士の考え方やノウハウを活かし、終末期の患者や家族に少しでも寄り添った仕事ができれば、と考えてのことだ。

## なぜ看護師が看取り士になるのか

河合のように看護師として働きながら看取り士になった人は他にもいる。

第２章で登場した小柳春子（仮名）もその一人。彼女は前職では、パーキンソン病（手足のしびれや筋固縮から歩行障害に及ぶ症状がある）や、ＡＬＳ（筋萎縮性側索硬化症。手足や喉などの呼吸に必要な筋肉が痩せて力がなくなっていく症状がある）など、神経の障害に起因する神経難病科での担当年数が15年ともっとも長かった。だが、２０１６年６月に定年まで７年を切る中で、小柳はいったん退職した。その理由を尋ねていくと、

「殺さない医療への無力感」

という言葉が浮かび上がってきた。

「がんは治るか死ぬかのどちらかですが、難病指定の病気は治らないけれど、簡単に死ぬこともできないんです。難病患者なのに難病では死ねないので、やれ肺炎を起こしたからと肺炎の治療をし、腎機能が低下すればその治療をします。仮に肺炎や腎臓病が治っても難病は治らないんですけどね」

15年前なら難病患者の選択肢は今ほど多くなかった。

ＡＬＳなら喉を切開して人工呼吸器をつけるかつけないか、という選択肢があった。つけないという意思表示を本人がすれば、その意思を優先できる家族が多かった。だが近年は、医療の高度化によって胃ろうや点滴などが普及し、家族も病気は治らないと諦めていながらも、安易に延命治療を受け入れるケースが増えたという。

「家族も死の責任を負いたくないんですよ。表向きは『主人は延命したくないと言っていたんですけど、息子たちがそれではかわいそうだと言うもんですから』といった理由ですけどね。一方の医師や病院も、家族が延命してくれというものを断ることはできません。ただ、それは目の前の患者のためにではなく、後で訴えられても困るからといった自己保身のための延命なわけです。そうして家族も病院もいのちの責任を取りたがらない中で、『殺さない医療』だけがつづけられていくわけです」

河合の言う「冷たい死」にもつながる話だ。

それでも若い頃は小柳も仕事のやりがいを求めたし、感じてもいた。次第に話せなくなるＡＬＳの患者にも意思伝達装置などを駆使して、コミュニケーションをとりながら、相手の状況に合わせて自分が役立てることを考えて試行錯誤をつづけた。

「ですけど、年齢を重ねるにつれて『殺さない医療』の進化に対して、言いようのない無力感がふくらんでいきました。ここまで医療に手を尽くされることで、いったい誰が、どう幸せになれるのか。そんな疑問への答えが見出せなくなったんです」

密かな葛藤を繰り返していた２０１５年の夏、小柳はある映画を通して看取り士の存在を知る。誰もいのちの責任を取りたがらない医療現場で長年働いてきた小柳には、病院で死にたくないという人たちの希望を受け止めてともに暮らし、最後は抱きしめて看取るという形で優しく寄り添い死と向き合う柴田の姿勢に驚嘆し、共感した。

「病院の抱えるジレンマや閉塞感をただ批判していても、何も変わらないじゃないですか。あるいは難病の方々を気の毒がっているだけでも同じですよね。しかし、一方では看護師として働かないと生活はできない現実がある。それなら仕事以外で、何かしら家族の気持ちを支えることはできないだろうかと考えていた私に、看取り士という仕事はとても魅力的に映りました」

小柳は当初、看護師の延長線上でその仕事をとらえていた。ところが、初めての看取りに至る過程で、専門知識や技術はむしろ邪魔だということに気づかされた。

「夜の7時頃に連絡を受けて、8時頃に田原さんのお父様（第2章参照）の部屋に伺ったことがあります。夕食時に血圧が急に下がって、意識を失われたという状況でした。まだ看取り士としては新米の私はかなり戸惑いましたが、自分が今できることをやろうと考えて、お父様の背中をゆっくりとさすりながら、『大丈夫ですよぉ』と子守唄みたいに繰り返していたら、そのうちに静かな寝息を立てられたんです。柴田会長が言われていた『ただ寄り添うこと』が持つ力を実感できた瞬間でした。こうして寄り添うだけでも、いのちの瀬戸際にいる方のお役に立てるんだって」

小柳は自分の息や手の温もり、声音や言葉などが秘めている力をあらためて実感することができた。その発見は看護師としての知識や技術、あるいは「殺さない医療」という病院システムともまるで無関係だった。

一方の河合も訪問医療の現場で、相手に「ただ寄り添うこと」が持つ力をあらためて体感する出来事に遭遇していた。

## 看護師として「温かい死」を初めて届けられた日

「それは清子さん（仮名・98歳）の死亡確認を終えた後でした」

と看護師の河合奈美は話し始めた。６畳間の大きな窓側に置かれた清子さんの柵付きベッドをはさむように娘さん夫婦がいて、医師と死亡診断書に記入する時刻を決めた後で、ふいに夫婦が話し始めたという。

「娘さんが『おばあちゃんは何事にも辛抱強い人だったね』と言えば、ご主人が『でも、冗談好きなところもあったぞ』なんていう思い出話が始まったんです。そんな話がひとしきり済んだ後、同席していた担当医が、じゃあ今後の話をしておきましょうかと切り出して、ご主人と部屋から出て行かれました」

2017年3月某日のお昼頃のことだった。実は当日朝、訪問看護師から河合の勤める診療所に連絡があり、清子さんの血圧は安定しているので今日は大丈夫かなと話していた。ところが約2時間後の午前11時過ぎに、娘さんから訪問看護師に清子さんが亡くなったと電話が入り、訪問診療の当番だった河合と医師が清子さん宅に駆けつけていた。

医師とご主人が部屋を後にして河合と娘さんの2人が残されたとき、娘さんが目の前の清子さんの遺体に穏やかな声で語りかけた。

「おばあちゃん、希望通りにお家で最期を迎えられてよかったね。もし入院してたら、こんな最期は絶対に迎えられなかったよ。いったい今までに何回、救急車を呼んで病院に連れて行こうかと思ったかわからないんだからね」

河合も以前、娘さんから清子さんの入院について相談されたことを思い出した。亡くなる数日前から、娘さんは清子さんのベッド脇に布団を敷いて寝ていたという。何かしら予感めいたものがあったのだろう。

「真夜中に痰《たん》がからんだり、息が苦しいとばあちゃんが言うので、その度に指にガーゼを添えて喉奥の痰を取ったり、背中をさすったりしながら、『おばあちゃん、苦しいね』

と声がけすると、ばあちゃんも『ありがとう、ありがとう』と言うので、『こちらこそ今まで（育ててくれて）ありがとうね』と返したりしていたんです」

　娘さんが河合にそう説明してくれたらしい。

　亡くなる日の深夜も、清子さんの求めに応じて氷をその舌でペロペロと舐《な》めさせてあげたと言う。もはや水を飲み込む力さえなかったからだが、河合にはどこかそれが「死に水」（死に臨んでいる肉親に最後の水を飲ませること）めいたエピソードに聞こえた。

「私も清子さんとは1年余りのお付き合いだったので、深夜のお二人のやり取りの光景がありありと見えるような気がして……」と言いかけ、河合は言葉につまった。

　ホテルのカフェラウンジでは彼女の背後のガラス越しに、朝から雨が降りつづく鈍色《にびいろ》の空が見えた。室外の光の加減が河合の顔も少し暗くしていたが、そのとき彼女のつぶらな瞳が赤くにじんだ。薄い灰色の膜でも重ねたようなくすんだ赤だった。

　患者と看護師としての付き合いの長さが、河合の悲しみをより大きなものにしていて、彼女は「ごめんなさい」と小声で言い、左手で持ったハンカチで両方の目頭を軽く押さえてから涙声まじりにつづけた。

「しかも数日前におばあちゃんは娘さんに、『死んだら、用意してある白地に藍色の柄のついた綿の浴衣を着させてほしい』とか、『葬式には○○さんと○○さんは呼んでほしい』と伝えていたと聞かされたんですよ、私はもうビックリしてしまって……」

河合はそこまで話すとふたたび言葉につまった。

実は、その前日まで彼女は看取り士養成講座を都内で6日間受けていた。しかも中級コースの講師である柴田会長から、

「旅立つ人は自分で死をプロデュースするから、看取られるご家族は安心してご本人の慈愛《じあい》にお任せすればいいんです」

そう教わった直後だったから、河合はその奇妙な偶然に言葉を失った。

「私は清子さんにも、もちろん娘さんにも看取り士の話は何もしていませんでした。職場の人にも一切していません。なのに養成講座を終えた翌日に、そんなことってありますか?」

河合が養成講座を受ける前の週から、清子さんの状態は思わしくなかった。

通常は1週間に1度ずつ、訪問看護師と診療所の訪問チームが交互に彼女を訪問して

いた。それが前の週から清子さんの体調がすぐれず、訪問看護師は彼女を毎日訪問して体温や血圧などをチェックする臨戦態勢をとっていた。

生前の清子さんは、大腿骨を骨折し緊急入院して手術を経験。その時点で家族は自宅での介護はもう無理かと考えていた。普段は穏やかな清子さんはすでに入院中からその雰囲気を察して、「私を施設にブチ込むのか！」と娘さん夫婦に激しい剣幕で食ってかかった。さらに自宅に戻ってからは懸命にリハビリに励み、車椅子での移動状態から自力歩行ができるまでに回復したという逸話の持ち主だ。

さすがに亡くなる直前は、日中の大半を自室のベッドで寝て過ごし、トイレと食事だけは自分で歩いて済ませる程度。雑談しながら訪問看護師に身体をマッサージしてもらうのが毎週の楽しみで、あとはラジオを日がな一日聴いていた。

「清子さんの遺体の前で２人になった際、私が娘さんに『私もお身体に触れていいですか？』とお尋ねしてから、ベッドに横たわる清子さんに触れてみました。すると、柴田会長が言われるように背中はまだ温かかったので、『まだ背中は温かいから、どうぞベッド柵を外して抱きしめてあげてください』とお伝えしました。それは私が養成講座を受けていたから娘さんにお伝えできたことで、すると娘さんも『あっ、本当だ。まだ温かい！』って驚きながらもうれしそうな表情だったので、ああっ、よかったなって思いました。私も心の中で清子さんに『ありがとうございます』とお伝えできました」

河合は時おりシュッシュッと鼻をすすりながらそう話した。

とりわけ「私が養成講座を受けていたから娘さんにお伝えできたことで」の部分で、その涙声はひときわ大きく掠《かす》れていた。それは河合が看取り士資格を取る目的でもあった、終末期の本人と家族に寄り添った看護の一つの形であり、祖母の死以来、看護師として初めて遺族に「温かい死」を届けられた瞬間でもあった。

だが、看取り士の視点で振り返ると、清子さんのケースも課題はあると河合は指摘する。具体的には医師が清子さんの死亡確認をして死亡診断書を書けば、後は訪問看護師にバトンタッチしなければいけないからだ。

「すると訪問看護師はすぐに清子さん宅にやって来て、エンゼルケアを半時間ほどで済ませ、次は葬儀社の出番という流れが矢継ぎ早にできてしまいます。そこで私が唐突に『ご遺体をそのままにして、どうぞご家族はゆっくりとお別れをして、いのちのバトンをしっかりと引き継いで下さい』とは現状で言えないわけです。訪問看護師の方々も、時間に追われながら日々の仕事に懸命に取り組まれていますしね」

やはり看取り士への認知度が高まり、その上で訪問看護師との相互理解も進み、双方の連携がうまく取れるようになる必要がある。逆に言えば、それさえできれば家族にもっとゆったりした看取りの時間を過ごしてもらえる。死ぬときでさえ「効率的であること」を求められる私たちには、それだけでも大きな変化になるだろう。

## ただ寄り添うことでわかること、できること

「誰でも看取り士になれます」

柴田の講義で印象に残ったその言葉を今、河合はあらためて反すうしている。

たとえば、河合が約22年間勤めた大病院では、亡くなった人の遺体をいったん自宅に連れ帰る家族に対してお願いしてきた作法があった。遺体の運び方で、乗用車の後部座席の運転手席の背後に誰か一人をまず座らせてから、遺体を仰向けにしてその頭を先に

乗り込んだ人の両膝の上に置いて座席に横たわらせ、頭が転げないように両手で抱きかかえるようにしてほしいと助言してきたらしい。先輩看護師から代々受け継がれてきた慣習だったが、両膝の上とはいえ、くしくもそれは遺体を抱きしめる格好だった。河合は養成講座を受けることでそのことに気づいた。

また、冒頭でも触れたが、祖母を抱きしめて看取った母を見て直感した約18年前の「温かい死」の場面。今回98歳で大往生を遂げた清子さんに真摯《しんし》に寄り添ってきた娘さんのこと……。

「『看取り士』なんて言葉を知らなくても、亡くなった方に強い思いのある人たちは皆、これまでもやってきたことだし、今もやっているんですよね。きちんと寄り添えば相手が求めていることは誰にでも大抵わかるし、自分がしてあげられることも多い。逆に言えば、そういうことを一切病院任せにしすぎた私たちが、ただ忘れてしまっていただけなんですよ。その文化を取り戻すためのきっかけが、『看取り士』というキーワードだというだけの話なんです」

寄り添うことなら資格も技術もいりませんと河合はつづけた。

それは「看取り士」という仕事を生み出した柴田が指摘することでもある。

１９７６年までは病院より自宅での看取りのほうが実際に多く、それゆえに死は悲しいものである半面、大人にも子供にも親しいもので、畳の上で死ねる幸せも分かち合っていたように、だ。柴田が私たちの社会に取り戻そうとするのも、まだ幼かった彼女が父親を看取った時に包まれたあの厳粛な空気と時間なのだから。

河合は、養成講座で胎内体感をやってみて、両親に愛されていた自分を見つけることができ、自己肯定感を高めることもできたと話す。

「以前はすぐ『どうせ私なんか……』って考えてしまうタイプだったんです。私は３人兄妹の末っ子で、両親が共稼ぎだったので、小学1年生の頃から鍵《かぎ》っ子。学校から帰ると誰もいない家でコタツに入ってテレビばかり観ていました。胎内体感に取り組んで当時のことを思い返してみると、私にとってテレビは他人の存在を近くに感じさせてくれるもので、コタツは人の温もりだったんじゃないかなって。両親の愛情に飢えていて、子供なりにそれを補おうとしていたんじゃないかと気づきました」

自己肯定感が高まったことで河合に気持ちのゆとりが生まれた。

たとえば職場の同僚が不満や愚痴を口にしてもまずは黙って受け止めてあげられるようになった。以前はすぐに否定したい衝動にかられて反論することが多かったのに、だ。何よりも周囲に対して、少し優しくなれたことがうれしいという。

「私自身、大病院から地域の診療所に移ったことへの後悔めいた気持ちも正直ありました。大病院で認定看護師という特定分野の看護のスペシャリストになる夢もあったので、辞めてからも引きずっていたからです。でも大病院より診療所のほうが一人あたりの診察時間も取れますし、時間があるときは待合室で受診される方々とお話しするようにも心がけています。今まで以上に、人と触れ合っていく仕事に一歩踏み込んでいけるようになりたいですね」

看取り士の資格を取る過程で、祖母の温かな死を思い出すことができ、死は誰にでも訪れるものであり、けっして怖くないという死生観も手にした。

「医療従事者としてはお恥ずかしいんですが、以前は『いつか死ぬのなら死期がわかる病気がいいな。延命治療は希望しないけど、痛みだけは取ってほしいな』といった程度の考えしか持っていませんでした。これからは自分の最期をどうするのかについても、ゆっくりと時間をかけて考えていくつもりです。それは自分がどう生きていきたいのかを考えるのと同じことですから」

問わず語りに河合がそう言い終えて少し間ができると、若いカップルや中高年の女性たちでにぎわうカフェラウンジの喧騒が、私たちの席にも静かに入り込んできた。

## 西城和樹（仮名）の場合

### 大好きだった祖父のアルツハイマー病を受け入れきれなかった後悔が僕の原点
### 介護士の彼が、「死ねる場所の選択肢」を増やすことにこだわる理由

## 仕事熱心な介護士の自分、祖父を放置している自分

職場である介護付き有料老人ホームを出て、西城和樹（仮名・当時27歳）は午後7時過ぎに祖父と暮らすマンションに戻った。鍵を開けて廊下を直進して３ＬＤＫの奥の居間まで入ると、隣の和室6畳に布団が敷かれていて、祖父が背中をこちらに向けて寝て

いた。濃淡がある灰色のストライプ柄のパジャマ姿の背中が大きくめくれて、肋骨が浮き出た白い背中が露《あら》わになっている。昭和4（1929）年生まれの当時82歳で、身長176㎝・体重70㎏という大柄な背中を見て、とりあえず今夜は自分で布団を敷き、パジャマも上下間違わずに着替えて寝てくれたんだと西城はホッとした。

つづいて茶色のソファが置かれた居間に隣接する台所の冷蔵庫を開ける。彼が朝作っておいた夕食には、やはり手がつけられていない。電子レンジを開けると焼きもせず、ただ乾燥して固くなった食パン1枚が入れっぱなしになっていた。

「夕食は冷蔵庫に入れてあるよと、出かける前に伝えたんですよ。でも忘れて、お腹が減ったから食パンを1枚出してレンジに入れたまま放ったらかしにして寝てしまったんでしょうね。僕と2人だときちんと食べるんですけど、1人だと夕食も食べずに先に寝てしまうんですよ。以前は、僕が夜勤の際に祖父の朝食用に握ったおにぎりを、ラップに包んだままガスコンロで燃やしてしまい、そのまま放置していたこともありましたし……」

西城は表情ひとつ変えずに淡々と話した。

いずれも2011年春の話だ。職場での西城は赤の他人である高齢者たちに、きめ細かで丁寧な対応ができる介護士として信頼されていた。嚥下力《えんげ》（食べ物を飲み込む力）が落ちたホームの入居者には根気強く食事介助をつづけ、自力で食べられるまで回復させて喜ばれたり、職員と入居者が一緒に楽しめるイベントを自ら企画して実現にこぎつけたりもしていた。

一方で、アルツハイマー病で食事も取らずに自宅に引きこもる、母方の祖父を放ったらかしにしてしまっている西城がいた。自ら申し出て祖父との同居を始めたものの、介護士として祖父には思うように役に立てない自分への苛立ちがつのり仕事から帰ってきてふいにいたたまれなくなって、

「おじいちゃん、ごめんなさい！」

祖父宅でそう叫んで大泣きしてしまったことさえある。

祖父がアルツハイマー病を発症したのは祖母がまだ元気だった頃で、祖母が自宅で倒れて急逝したときもすぐ隣にいながら、祖父は誰にも連絡しなかった。ただ寝ているだけだと思っていたからだ。

西城は伝わらないはずの祖父にそれでも「おじいちゃん、ごめんなさい！」と詫《わ》びた日から、一人で頑張るのをやめた。介護保険を活用してヘルパーに食事介助を依頼したが、西城以上に祖父とのコミュニケーションに困惑して、事態を思うようには改善できなかった。

結局、祖父との2人暮らしは約1年半で解消し、祖父は同じアルツハイマー病の人たち数名が、専門スタッフの支援を受けながら一般住宅で共同生活を送るグループホームに入った。西城の母親が探してきた施設だった。だが、祖父はそこで2度も誤嚥《ごえん》性肺炎を起こして入退院を繰り返して約1年半後に他界。家族の誰にも看取られない最期だった。

「自分の家で最後まで暮らしたいというおじいちゃんの希望を、どうして自分はかなえてあげられなかったのか」

西城は介護士としても、孫としても深い罪悪感に苦しめられた。

彼の子供時代は母方の祖父母に育てられたと言ってもいいからだ。3歳下の弟が生まれつきの心臓病で、母は弟が3歳で亡くなるまでほぼかかりっきりだった。一方、銀行マン時代の祖父はキャメル色のバーバリー社製コートをさっそうと着こなし、仕事から帰ると、西城と毎晩遊んでくれる大好きなおじいちゃんだった。

## 大好きだった祖父と抑えられない怒り

大手銀行の支店長だった祖父は当時、毎日午後7時には帰宅していた。まだ3歳の西城少年は時刻を見計らって一軒家の玄関口で待機し、祖父の気配がすると「お帰りなさ〜〜ぃ」と大声を上げながら鍵を開けた。祖父が三和土《たたき》に腰を下ろして靴を脱いでいる間に、今度は小走りで居間に戻って丸い座卓の上にステテコと入れ歯洗浄液、それに祖父が愛飲する国産の高級ウィスキーをそれぞれ並べる。それが西城の日課だった。

しかも祖父にとって西城は男の子の初孫。家に毎日いるだけでも可愛くて仕方ない初孫にそこまで甲斐甲斐しくされれば、職場ではどれほど厳格な支店長であっても、自宅に戻った途端、目尻が下がりっぱなしのおじいちゃんに変身したに違いない。

3歳の子供がそこまで周到に動くのには理由があった。

「晩酌を終えた祖父は、酔うと必ず僕を肩車して、広さ10畳の和室に向かうんです。そこで口笛を吹きながら、当時の僕が大好きだったプラレール（電車と線路のオモチャ）を、広い部屋いっぱいに毎晩いそいそと組み立ててくれたわけです。鉄橋や3階建てのビルなどがある本格的なもので、その時間が毎日とっても待ち遠しかったですね」

33歳の西城は童顔をほころばせて振り返った。

冬には、祖母と最寄り駅まで祖父を迎えに出た記憶もある。キャメル色のバーバリー社製コートにチェック柄のマフラー姿で、白髪まじりの髪をポマードでなでつけてオールバックにした祖父を、改札口でいち早く見つけるのも西城だった。祖父母の間に西城少年が入って3人で手をつなぎ、約15分の道のりを帰るのも楽しかった。祖父にたまに肩車されるとポマードの匂いが子供心にもかぐわしかった。

「祖父の異変に最初に気づいたのも僕なんです。学生の頃で、宅配便を出すための用紙に必要事項を書いていた祖父が、自宅の住所と自分の名前の漢字の一部を忘れてしまったんです。その場は祖父もなんとか取り繕ったんですが、僕が介護士になってから、病院での検査を勧めて明らかになりました」

祖父は当時76歳前後。老人ホームでアルツハイマー病の利用者にも普段から接していて、「普通の人に比べれば免疫がある自分でさえショックでしたから、祖母や僕の母が受けた衝撃はとてつもなく大きかったはずですよ」と西城は指摘する。

「元気な頃の祖父をよく知っている家族だからこそ、普通のことさえできなくなった祖父を受け止められない。頭では病気だとわかっていても、心ではなかなか認められない、いや、むしろ認めたくないという気持ちのほうが強い。だから『腹立たしい』という感情が生まれ、それが時には怒りにまで高まっていくんです」

西城が祖父と暮らしていた頃、休日に洗濯を一緒にしたことがある。

「ベランダにタオルを干す場合、手でパンパンと叩いて伸ばしてから干すじゃないですか。でも、祖父はタオルを広げることもせずにただ引っかけるわけですよ。僕は思わずカッとして『もう1回やって！』と怒鳴ってしまい、自分でも驚きました。祖父からすれば、僕から言われてすごく葛藤した挙句に頑張った結果がそれなんです。当然もう1回やっても同じことしかできない。そんなことは職場でも嫌というほど見ているし、僕にも想像がつきます。ところが、それが祖父だとつい怒鳴ってしまったんです。時には殴ろうかとさえ思ったこともありますし……。そんな調子で祖父へのひどい言動や、忌《い》まわしい感情が抑えられない自分に、僕自身も深く傷つくんですよ。おじいちゃんに対して、自分は何てひどい気持ちで接しているんだろうって……」

祖父が祖父でなくなる恐怖。

それは自分もいつか自分でなくなる恐怖とも向き合うことを強いられる。だからつい怒鳴りもするし、恐ろしくもある。愛情と憎悪や、愛情と恐怖は表裏一体で、根源的な不安が自分を見失うきっかけになって憎悪に震え、恐怖ゆえに暴走する「見えない怪獣」を引きずり出してしまう。老人ホームの利用者はあくまでも赤の他人だから健常者である西城はそう簡単には揺さぶられないが、相手が家族となると話はまるで違ってくる。

「僕が祖父と同居していた頃、母も僕のことを心配して一緒に暮らしていた時期があります。でも、大人になるまで一度も手を上げられたことなどなかった母が、ふとした弾みで祖父から暴力を振るわれて恐ろしくなり、実家に戻りました。僕はそんな母に対して一度だけ、『僕とおじいちゃんを見捨てたんだぞ！』と暴言を吐いたこともあります」

平日昼下がりのまったりとした雰囲気のファミレスで、西城はその日が初対面の私に、自分の内側で暴れた怪獣について、眉ひとつ動かさずに穏やかに話してくれていた。

そのとき私には、彼が以前送ってきてくれた1通のメールが思い出された。西城の了解を得てその一部を紹介する。親の介護などをする際、誰の心にも潜む見えない怪獣についてのトリセツ（取扱説明書）としても読めるはずだ。また、いつか介護を受ける側になる人にも一読してほしい。

「（前文省略）

私たち介護に携わる者も神や聖人ではありません。利用者さんたちに対して喜怒哀楽を感じます。私も怒りや、時に殺意を感じることもあります。私は、それは異常ではなく正常な反応だと思います。むしろ怒りや殺意を感じるほど相手の方と向き合っている証拠だと思います。適当な付き合いをして、仕事と割り切ったら何も感じません。

愛情と憎悪は紙一重です。

多くの介護士が一線を越えないのは、優しいからではありません。時間が区切られ、家庭に帰り、リセットできます。愛情も憎悪もフラットにして、また次の日に利用者と向き合います。だから長続きします。

介護に携わる方（プロも家族も）は『優しくなければいけない』と自分を必要以上に追いつめないでほしい。すでにじゅうぶん優しく、ご自身のできる限界で頑張ってらっしゃいます。テレビなどのドキュメンタリーに登場する立派な人たちと自分を比べないでほしい。

子供を育てるのに親は色々な勉強をしていきますよね。

色々なママ友と経験を共有しますよね。そして保育園や幼稚園、ベビーシッターに一時的に預けますよね。

同じことが介護では難しいようです。

介護のしかたや制度、病気について勉強し、他の介護をしている家族の方々と経験を共有し、辛ければヘルパーやデイサービス、老人ホームを頼ればいい。

この最後のことをするのがまるで優しくないように感じさせてしまう風潮があるように思います。自宅至上主義。それにとらわれすぎるのはよくない」

西城の赤裸々な葛藤を聞いた後でこのメールを読み返すと、「優しくなければいけない」という家族への愛情が反転したときの怖さが、淡々と書かれている分だけ逆に胸にひたひたと迫ってくる。

また、西城自身が祖父と向き合った当事者体験があるから、老人ホームに家族を預ける人たちの心情がより理解できるようになったともいう。

## 看取り士とエンゼルチームという選択肢

西城が看取り士の柴田の講演を聴いたのはおよそ3年前の、２０１４年のことだ。

「講演を聞いてみて、もし祖父の生前に看取り士とエンゼルチームのことを知っていたら、自宅で暮らすことを望んだ祖父の思い通りに看取ってあげられたのになぁと思いましたね」

エンゼルチームとは、看取り士と連携するボランティアスタッフのこと。看取り直前の1カ月間を目安に、介護中の家族が食事や入浴、あるいは買い物に出かけたりする際、交代で終末期の人に寄り添う人たちだ。その手を握ったりさすったりしながら、「大丈夫ですよ」と声がけをするのが主な仕事。最大の優先順位は本人に寄り添うことで、それ以外のことをする必要はない。

1人1回3時間制で、1チーム10人を目安に必要に応じて結成される。1回3時間という制限を設けて、無理をせずに長期間支援できる人材の確保を目指している。

「祖父のときも、誤嚥性肺炎で2回目の入院をしたときは衰弱が激しくて、このまま点滴をつけたまま病院で亡くなるか、点滴を外して祖父の希望通りに自宅で看取るのか、という話になりました。僕たち家族が『祖父が多少苦しんでも点滴を外して、自宅でみんなで看取るんだ』と腹をくくれなかったので、祖父は病院で亡くなったんです。もっと言えば、祖父と3人で同居していた頃の経験から、家族だけでは看取りまでの面倒なんて到底見られないという気持ちのほうが強かったと思うんですよ。だから看取り期の1週間だけでも、家族の負担を減らせるエンゼルチームが看取り士とともに支えてくれれば、自宅で死にたい人や、看取りたいという家族はもっと増えるはずなんです」

西城は看取り士とエンゼルチームの意義をそう説明する。

しかし、家族を看取る場合、多くの人は病院か、老人施設以外の選択肢をなかなか思いつかないという現実もある。

「ええ、看取れる場所の選択肢が今は少なすぎるんです。自宅以外にも、グループホームでも可能なんですけどね。でも、そんな選択肢があることさえ知らない人のほうが多い。病院と施設以外にも看取れる場所があることを、私たち介護士ももっと高齢者の方々に知らせていく必要があると思います」

西城は介護士として紹介できる選択肢を増やすために、看取り士養成講座を受講して、２０１７年1月に看取り士資格も取得している。その仕事熱心ぶりがうかがえる。

## 「看取りまで対応」と喧伝《けんでん》する有料老人ホームに要注意

「また一人、病院送りにしちゃったかぁ」

西城は、桜田淳司（仮名・85歳）が骨折して近くの総合病院に入院すると聞いたとき、問わず語りにそうつぶやいた。西城が現在勤務する住宅型有料老人ホーム（以下、住宅型ホーム）は、対外的には「お看取りまで対応する」と宣伝しているが、入居者の体力が落ちて医療支援の割合が増えると対応できないとして退去を求められるからだ。

「桜田さんは、僕が勤める老人ホームで約1年半暮らしていました。介護付き有料老人ホームと違って、住宅型ホームに入居する人はまだ自力で生活ができる人たちが多いんです。住居は賃貸マンション方式でプライバシーも保てるし、施設内のスタッフから食事などの生活サービスと、必要に応じて買い物や散歩などの介助サービスも受けられます。老化が進んで日常生活に支障が出るようになれば、介護保険を利用して外部の介護サービスも受けられる点に特長があります」

今回の骨折は、介護保険を利用して外部の入浴サービスを受けた後、桜田が自室でふらついて転倒。右側の骨盤を複雑骨折するなどして寝たきり状態になった。

「元々、桜田さんは食べたものを飲み込む嚥下力も、かなり落ちていました。そのため食事介助をするときは、普通の大人なら5分で済むような朝食に30、40分の時間をかけていたんです。根気強く食事介助をすれば、彼は胃ろうをせずに済みますし、自分の口で食べる喜びも失わずに済むからです」

転倒する前の桜田は寝たきりではなかったが、仮に寝たきりであっても、西城はベッドの角度や顔の向き、スプーン1杯に載せる量などを試行錯誤しながら、ゆっくりと時間をかけて食事を介助する技術と情熱がある。

桜田が退院後に住宅型ホームに戻って来れば、西城は以前と同じような食事介助をするつもりでいた。だが、他の職員の受け止め方にはばらつきがあった。むしろ、「病院に移ったほうがいいんじゃないか」「病院のほうがもっと専門的な対応をしてくれるはずよ」といった、否定的な声のほうが多かった気がすると西城は話す。他の職員が皆、彼のような技術と情熱を持っているわけではないからだ。

西城には病院に移ってからの桜田の生活が想像できる。

「大病院の忙しいスタッフは、1人の患者に付きっきりで40分もの食事介助なんかできませんよ。栄養摂取は入院初日からまず点滴に切り替えられるでしょう。その後、出血がおさまって家族の承諾があれば、胃ろうを勧められるかもしれません。あくまでも病院にとってもっとも簡単、かつ安全に栄養剤を注入できる方法だからです」

寝たきりだと動かないから身体機能全般が徐々に低下していく。案の定、桜田は入院3日後に食事が原因で誤嚥性肺炎を発症してしまう。西城は住み慣れた住宅型ホームから病院に移されると、約1カ月で亡くなる人たちをうんざりするほど見てきた。

西城の冒頭での「また一人、病院送りにしちゃったかぁ」という発言は、彼の経験と住宅型ホームの課題を踏まえて半ば自虐的に発せられていた。誤解を招かないように明記すると、彼一人ではどうにもできない職場への苛立ちと失望が込められている。「病院送り＝住宅型ホーム退去」という意味だ。それは西城が桜田のいる病院を後日見舞ったことを知ればすぐにわかる。

## 病室とウィスキーという粋な組み合わせ

「わざわざ来てくれたんですか？」

桜田を心配して彼の病室を訪ねた西城に、桜田の息子が驚いた顔で出迎えた。同じ日の午前中に、桜田が暮らしていた住宅型ホームでも２人は顔を合わせていたからだ。ホームから退去を求められた息子が父親のマンションの後片づけを渋々始めていた。

「その時に、私が桜田さんの容態を尋ねたら、まさに吐き捨てるように『もう長くないそうです』と言われました。父親を見捨てた冷淡なホーム側の一味だと思われたんでしょうね。ご家族は桜田さんが住み慣れた自室で、できれば最期まで過ごさせたいというご意向でしたから」

西城が淡々とそう言ったのは、今まで何度も似た経験をしてきたからだろう。彼が桜田の病室を見舞ったとき、息子は西城のことを誤解していたとすぐに気づき、

「さっきは吐き捨てるような言い方をして、すみませんでした」

とっさにそう言って頭を下げた。むしろ西城のほうが恐縮するような誠実さだった。

ベッドの桜田を見ると点滴はすでに外され、人工呼吸器を装着させられていた。

西城がもう一つ気になったのは、病室のドアを開けた瞬間、洋酒の強い匂いが鼻をついたこと。病室とウィスキー、かなり不似合いな組み合わせだった。部屋の中央にベッドが置かれた個室には、ベッド左側のテーブルにはテレビ、同右側のテーブルには高級そうなワインや日本酒などが並べられていた。

西城の戸惑いに気づいたのか、息子が苦笑しながらも説明してくれた。

「病院から、『もう最期が近いから、本人が喜ぶことを何でもさせてあげてください』と言っていただいたんです。暗黙の了解という感じです。父は海外駐在が長く、海外の食べ物やお酒にも造詣が深くて食通でもありました。そこで父が好きだったお酒を集めて、家族や親戚を病室に呼んではここ数日間こうして酒盛りをやっているんですよ。父にはガーゼに好きなお酒を浸して、唇から少量流し込んであげています。ほぼ昏睡状態なんですが、さすがというか何というか、両頬をほんのりと赤くしてまんざらでもない表情になるんですよ」

西城は、救急車で住宅型ホームからこんな大らかな病院に運び込まれたこともふくめて、看取り士の柴田が言う「桜田自身のプロデュース」なのかと思うと少し愉快だった。

母親が他界した後、桜田の息子は、自分が暮らす近くの住宅型ホームに父親を住まわせた。同居は無理だが、せめて自分の近くに住んでもらっていれば、何かあってもすぐに駆けつけられるからだ。住宅型ホームは桜田の息子のように、親思いの子供たちのニーズをも満たして一定の人気を集めている。

しかし、桜田の息子も骨折に伴う出血がおさまって状態が安定すれば、住宅型ホームに戻れるはずだと思っていた。「終身利用権」付きとパンフレットにも書かれていたからだ。病院側も出血さえ止まれば戻れるという診断だった。だが、案の定、ホームを運営する会社側は、高度な医療対応ができないという理由で難色を示した。結局、桜田も西城が病室を訪ねた翌週に他界した。

ちなみに、住宅型ホームは先にも書いたように賃貸マンション方式で、分譲マンションとは違い、不動産の所有権はない。また、先の「終身利用権」とはあくまでも元気なうちは何歳になっても利用できる、といった程度の意味合いでしかない。病院との提携を明記している施設ならば、住宅型でも介護付き老人ホームでも、要介護度が上がれば桜田のように病院送りになる可能性が高い。

信用できる住宅型有料老人ホームの見分け方について、西城の説明はわかりやすい。

「契約前に、どんな状況になったら退去させられるのかを確認したほうがいいですね。私の考えでは、できることとできないことを明言してくれる運営会社が信頼できると思います。たとえば、介護度が上がった場合、『痰の吸引は医療行為になるのでできませんが、ご家族の了解が得られれば、水分補給として氷を舐めていただく程度のお手伝いならできますよ』とかですね。一番怪しいのは、『できるだけ、やれることをやります』といった抽象的な回答しかしない運営会社。このタイプの大半は、ウチの会社のように嚥下力が落ちて骨折でもすればすぐに退去を迫ってくる可能性が高いでしょうね。介護付きホームなら、きれいで豪華な設備や内装よりも、入居者の耳の中を見せてもらうのが一番。耳掃除まで行き届いているホームなら大丈夫でしょう」

契約前に退去の基準や、利用者の耳の中の衛生状態について確認する人たちは少ない。そんな消費者の足元を見て、豪華な内外装と「お看取りまで面倒を見ます」といった宣伝文句で集客する老人ホームには要注意だ。

## 多世代が交流するデイサービス施設という夢

最期の日まで自宅で暮らしたいと願った祖父の病院での孤独な死。

それが介護士である自分の原点だと西城は取材中に何度か口にした。彼が今描く夢は、大都市圏での多世代交流型デイサービス施設の実現。

モデルは介護付き老人ホームで5年間働いた後、約3年間勤めた富山県のデイサービスだ。高齢者だけでなく、赤ちゃんや子供、障害のある人もない人も一緒に楽しく時間を共有する通所型施設だ。高齢者が孫世代の子供たちと遊ぶことで元気をもらったり、子供たちが高齢者や障害のある人と交流することで相手を思いやる心を育んだりしながら、互いに学び合う「大家族」スタイル。通称「富山型デイサービス」とも呼ばれる。

介護を担う家族の負担を少しでも減らし、その家族同士も交流しながら悩みや葛藤をも共有していると西城は説明する。

「たとえば、終末期にあるおばあちゃんが昏睡状態にある隣で、子供たちがにぎやかに遊んでいます。ある女の子が近づいてきて、『なんでばあちゃん、昼間から寝とるん？』

って聞くと、近くの職員が優しく説明する。彼女がどこまで理解できたのかはわかりませんが、『そうなんけぇ』とうなずいていた彼女が、自宅に帰る前に昏睡状態のおばあちゃんに顔を近づけて『ばあちゃん、バイバイ』って一言かけてから元気に帰っていく。その延長線上で看取りも多世代で共有することが日常なんです」

そう少し得意げに語る西城がいた。

1993年、元看護師数人が同施設を始めた理由は、「自宅に帰りたい」「畳の上で死にたい」と言いながら、多くの高齢者たちが病院で亡くなるしかない現実や、生きる意欲を持たない高齢者たちがいる老人ホームの現実を目の当たりにした違和感だった。くしくも介護士として同じような現実に苦悩し、高齢者たちを抱きしめて看取るグループホームを離島に開設した看取り士の柴田と共通するものがある。

振り返れば、西城が米国で1年間ホームステイさせてもらった家族が通っていた教会はまさに多世代交流の場であり、富山型デイサービスはかつて西城が米国の多様性にワクワクさせられたことを思い起こさせる現場でもあった。

「ところが、大都市圏の自治体関係者では富山型のことを知らない人も多くて、正直言って前途はかなり多難ですね。さっきの話みたいに、『富山のような地方都市型のニーズが、大都市圏にもあるのか？』と首を傾《かし》げる介護士仲間もいます。ですが、先ほども話したように看取る場所の選択肢が現状では少なすぎるので、それが増えることに意義があるんです。多世代が交流するデイサービスを大都市圏で実現できれば発信力も強いですしね。そんな仕事への使命感をもらったのは、間違いなく僕の祖父の死です。以前は漠然と看取りをしていた部分もありましたが、祖父が亡くなって以降は、いつ、どこで、どう死ねるのか。高齢者の皆さんや、その家族の方々がそれを選べる自由を増やすことに、より強くこだわるようになりました。そもそも介護士の仕事は相手が望むことを実現するお手伝いですから」

西城はそう言って唇を真一文字に固く閉じ、深くうなずいてみせた。

富山型デイサービスでの研鑽《けんさん》や看取り士資格の取得も、終末期の人たちとその家族により多くの選択肢を提供するための彼の試行錯誤の一つだった。米国でのホームステイ以降、西城なりの問題意識を持って進んできた過程はそれぞれの点をつなぐと、ほぼまっすぐな線を描いていることがわかる。その線は祖父との楽しくて辛い記憶を起点として伸びている。

### 高原ふさ子の場合

**救いたい母を逆に苦しめてしまった延命治療と約3年間の自宅介護**
**大切な母を抱きしめて送ることで手にした贈物《ギフト》を次は私から娘へ**

## 母が逝った日の笑顔の記念撮影

高原ふさ子（57歳）のスマホには1枚の画像が大切に保存されている。

黄色いパジャマ姿の高原の母・啓子（享年86）、その右隣に看取り士の柴田、2人の前には3人の女性が並び、中央で高原が笑顔で写っている。母の黄色いパジャマは高原が選んだ。寝たきりで、口がきけず、自力では食事も取れない。そんな母が介護をしてくれる人たちに少しでも愛されるために、明るくて可愛い色にしたという。

それでも病室で数本のチューブにつながれて患者然としていた頃と比べると、住み慣れた自宅に家族の一員として戻った母は、その頬に少し赤みがさし、口角もわずかながら上がって、穏やかに微笑んでいるかのように娘からは見えた。

画像は２０１６年６月、都内のマンションの６畳間に置かれたベッドの前で、母が逝った日の午前中に撮られた。そんな切迫した状況で、しかも笑顔の記念撮影なんて不謹慎じゃないのか、そう言って眉をひそめる人たちがいるかもしれない。

だが、柴田が創設した一般社団法人「日本看取り士会」の理念は、「すべての人が愛されていると感じて旅立てる社会づくり」だから、人生の最期はやはり笑顔がふさわしい。

後でくわしく触れるが、体重わずか29kgの母に腸閉塞の切除手術を勧める医師とのせめぎ合いの末、高原が手術を拒んで自宅に連れ戻してから10日後のことだ。会社に勤めながら約3年間の自宅介護で、大切な母を救いたいのに逆に苦しめてしまう現実と彼女が取っ組み合ってきた軌跡を知れば、笑顔のスマホ画像が持つ奥行に、先に眉をひそめた人は自身の軽率さを恥じるはずだ。

当日の高原家には、柴田の活動を取材している岡山のテレビ局の取材陣もいた。高原は母をきちんと看取るために看取り士資格をすでに取得していて、岡山市に本部がある柴田会長が直々に都内の自宅にまで来てもらえるのなら、その活動を社会に知らせるチャンスと考えて撮影を快諾した。

「元来、母は恥ずかしがり屋なんです。しかも人生で一番弱っていて、誰にも見せたくない姿を、いきなり世間にさらすわけじゃないですか。娘としても抵抗感は当然ありました。それでも、看取り士の仕事を広く知っていただくことに、私はより大きな役割を見出したんです。そんな娘の気持ちを汲《く》んで、母も撮影では頑張ってくれたと思います。それに人生の最期をテレビに撮られるなんて、まるで大女優並みじゃないですか」

最後に少し冗談めかして言うと、高原は小さな笑顔を見せた。

黄色いパジャマ姿の母のテレビデビューはそうして決まった。放映されたニュースの録画映像を観ると、ベッドに横たわる母親を2人並んで見ながら、高原の背中に右手をそっと添える柴田が映っていた。

その右手を見たとき、都内で以前見学した看取り士養成講座で、15名ほどの受講生を前にした柴田の話がふいに思い起こされた。

「『皮膚は露出した脳である』と話す研究者もいます。ですから、まずは服の上から手を置き、その温もりで相手に安心感を与えます。次に手にじかに触れて相手が穏やかに応じてくれれば、心をゆっくりと開かせることができます。看取りの場面では、本人の意識が薄れていく中で手を握ることで、私がそばにいることと、ご本人もまだこの世にいることを同時にお伝えする意味合いもあります」

柴田は、聴く人の心を優しくなでるような声でそう話していた。

看取り士である彼女の「触れる」とは、逝く人にも看取る人にも通じる無言の対話だった。つづいて高原の看取りに話を進める前に、父親の他界後も気丈に一人暮らしをつづけていた彼女の母親の病状が、どんな経緯をたどったのかを振り返っておきたい。

## 延命治療は３つの選択肢

高原の母が脳卒中を発症したのは２０１３年４月。認知症の兆候が出たために服用していた薬の副作用で全身に湿疹が出て、検査入院をしている最中だった。入院後は、丹《たん》田《でん》に力が入らず自力で立てなくなり、食欲も衰えていった。さらに頭頂部にまで広がった湿疹による痒《かゆ》みで、本当に辛そうだったと高原は振り返る。

「3週間後の検査で、やっと胆のうが化膿《かのう》していることがわかり、その手術の準備中に、母は脳卒中を発症してしまいました。危篤状態から脱して一命は取り留めたものの、右半身マヒで口もきけず、もちろん自力で食べることもできず、一気に寝たきりの要介護度5（最高レベル）と認定されてしまいました。私にとってはテレビドラマ並みの急展開で、悪い夢でも見ているような気分でしたね」

高原がこのときに病院側から示された延命治療は3つ。

①経鼻経管《けいびけいかん》栄養法（鼻に装着したチューブから栄養剤を注入する。通称「経鼻」）
②胃ろう
③点滴

病院側は、とくに胃ろうの造設を高原に繰り返し勧めてきた。栄養剤の注入が看護師にとってもっとも簡単で、トラブルも起こりにくいからだ。一方の経鼻経管栄養法は、鼻につなげるチューブを患者が無意識に引き抜こうとしやすく、安全面で懸念があった。３つ目の点滴は、高原の母の腕の血管が細いために注射針を刺せる血管を探すのが難しい上に、両腕はすでに注射に失敗した無数の針跡とあざだらけだった。

高原が母のために選んだのは、１番目の鼻から栄養剤を注入する経鼻。だが、母親にはけっして好ましくなかったことを高原はすぐに思い知らされる。母の左手は大きな手袋型の「ミトン」をつけさせられた上に、ベッド柵にヒモでくくりつけられたからだ。右半身はマヒしていたが、唯一動く左手で無意識に鼻に挿入されたチューブを引き抜かないための予防措置だった。

「母もようやく落ち着いて笑顔が戻り、小さな声で『ありがとう』が言える程度には回復していた頃でした。すでに右半身は動かないのに、この上、左手まで固定させられたら左半身も動かせなくなり、脳の働きにも絶対良くないと思って私はもう気が気ではありませんでした」

高原はマヒしている右半身もふくめたリハビリと、ふたたび口から自力で食べられるようにと嚥下訓練（唾や柔らかいものから飲み込む練習）をしてほしいと病院側に申し入れた。だが、寝たきりの患者へのリハビリと言っても、日々忙しい看護師にできることは限られていた。3つの延命治療の中で当初は最善と思われたものでさえ母を楽にはさせられず、むしろ苦しめてしまっていることが高原にはいたたまれなかった。

## 「胃ろう」にまつわる忌まわしい思い出

高原には胃ろうにまつわる忌まわしい思い出がある。

「実は11年前に亡くなった父も、胃ろうを造設されたまま亡くなりました。そのときは母親が懸命に看護していました。当時は、母親も私も病院で死ぬことに何の疑問も持っていませんでしたし、口から自力で食べられなくなった次善策として、病院から勧められるままに胃ろうを選んだんです。あの頃は自宅で看取るという発想もなく、かといって、延命治療もせずに父を見殺しにするなんて冷酷な判断もできませんでした」

なんともバツの悪そうな表情で彼女は回想する。

だが、その選択が不適切だったことに、高原も母もすぐに気づかされた。父親をふくめた3人がほぼ同時期に同じ病室で胃ろうを造設されていた。

「暗くて寒々しい部屋で、父たちは口を開けたまま、ベッドの上でただ『アーッ、アーッ』って呻いているだけなんですよ。その光景が、私にはもう生理的に受け入れられませんでした。ですから『これは幸せな生き方じゃない』とは思いましたが、『これは変えられないのか？』とまでは、当時は考えられませんでした」

高原の母も当時、「お父さんがかわいそう。私は（胃ろうは）絶対にやりたくない」と話していたことを、高原は今でも鮮明に覚えている。担当医は建て前上、「口から食べられるようになったら外すこともできますから」とは言っていたが、結局は高原の父もふくめ、誰一人外さずに相次いで亡くなった。その苦々しい経験のせいで病院側が母へ胃ろうをしつこく勧めてきても、高原にそのつもりは毛頭なかった。

しかし、事態は高原の思いとはまるで逆の方向へ進み始める。

高原の母の左手はベッド柵に拘束されたまま3カ月間が過ぎ、最初の急性期病院（急な病気や持病の悪化から緊急処置を必要とする患者に、高度で専門的な治療を行う病院）から、リハビリ専門病院への転院を余儀なくされる。同院に転院してさらに3カ月後、高原は新たな決断を迫られたが、その選択肢も3つしかなかった。社会福祉法人などが運営する特別養護老人ホームか、民間の高額な老人施設、そして自宅介護だ。

母が脳卒中で倒れてから病室に約1カ月泊まり込んでいた頃から、高原は自宅で自分が介護をして看取ると決意していた。子供の頃から母娘関係は良好だったし、終末期に入っている母を老人施設に任せるのは一人娘として耐えられなかった。

だが、会社員として働きつづけながら自宅で介護をする場合、デイサービスや訪問看護などの在宅介護サービスを活用する必要がある。調べてみると、要介護度5でデイサービス施設などを利用する場合、彼女が当初拒否した胃ろうの造設は避けられないことを知る。しかも胃ろうを前提にしても、高原の住む近隣地域で受け入れてくれるデイサービス施設は1カ所。自宅介護の場合、高原にもはや選択の余地はなかった。父を苦しめ、母も毛嫌いした延命治療を、娘の自分が強いるしかない現実に打ちのめされた。

「今の私だったら、あの時点で仕事をすっぱりと辞めて、一切の延命治療をせずに母を退院させます。寿命を多少縮めることになっても自宅で看取るためです。それが母の心と身体にとってもっとも負担が少なく、人としての尊厳も守れる最善の方法だからです。しかし、あの頃の私にはまだ自宅での平穏死（延命治療をせず、薬剤で痛みを抑えながら穏やかに衰弱して亡くなる死に方）について知ってはいても、まだ現実的な選択肢にまではなっていなかったんです」

彼女は残念そうな表情でそう言うと口を固く閉じた。

「やっと（覚悟を）決めましたか」

リハビリ病院の担当医は、胃ろうをつけた上で自宅介護をすると高原から聞くとそう言った。ため息まじりで「やれやれ」と言わんばかりの彼の語調に、彼女はその場から今すぐにでも逃げ出してしまいたかった。

## 自宅介護でのうれしい2つの発見

母の自宅介護は2013年10月から始めた。平日の3日間はデイサービス施設に預け、2日間は訪問看護師、1日はリハビリのために看護師に自宅に来てもらい、週末は高原が終日介護するスケジュールを組んだ。

新生活を始めてから微笑ましい発見があった。元来、人の好き嫌いが顔にすぐ出てしまう母親の癖は失われていなかったこと。

「デイサービス施設のハンサムな男性職員に声をかけられると自然と笑顔になるのに、そうじゃない人を前にすると眉間にしわが寄るらしくって……。施設の職員やそこに通われている高齢者の方々にも、『小谷野《こやの》さん（高原の母の旧姓）はしゃべれなくても、わかりやすい人だね』って、時々からかわれていたみたいです」

高原は初めて両頬をゆるめながら明かした。

また、時には職員の愚痴さえ高原の母はうなずきながら受け止めてくれるので、話しているとホッとするとも聞いた。多くの利用者が自分の話を聞いてほしいと雄弁になりがちだから、物言わぬ高原の母は職員らにとって本音を漏らせる貴重な存在だった。

「職員の方々にはお手数をかけていて申し訳ないという気持ちが強かったので、母がそういう形でお役に立てていたんだと知ることができて、うれしかったですね。そんな存在意義を皆さんが見つけてくださっていたこともありがたかったです」

家庭や病院だとマイナスでしかないことが、介護施設だとプラスに変わりうる。それも高原には励まされる発見だった。

ところが、ふたたび無情な現実に直面する。

在宅医療の担当医の指示は1日1200キロカロリーの栄養剤の注入だったが、寝たきりの母親には多すぎた。

「母の体力が落ちると、胃から注入した栄養剤を吐き戻すようになりました。すると戻したものの一部が気管支に入り、誤嚥性肺炎を発症する危険性が高まるんです。あるいは、食前食後の口腔ケア（高齢者の誤嚥性肺炎の発症を防ぐための丁寧な歯磨きなどのこと）のときに母がえづいた拍子に栄養剤を吐き出して、ベッドやパジャマを汚したりするのも日常茶飯事でした」

高原が朝起きると、夜中に嘔吐して顔を汚した母を目の当たりにすることが増えた。

「夜中に吐いてしまう母も辛いだろうし、早朝から後始末をする私も辛いんです。物言わぬ母に『お互い辛いねぇ』って声をかけて、泣き笑いしながらパジャマを脱がせ、ベッドカバーも外して洗濯機を回すんです。嘔吐自体よりも、親子でそうして心身ともに疲弊していくことのほうが辛かったですね」

そもそも、誤嚥性肺炎を防ぐために胃ろうを造設したのに、体力が落ちると胃ろうのせいで同じ肺炎になるのだとすれば、そんな「延命治療」は医療と呼べるのだろうか。

## 平穏死と看取り士という希望

一方、最初に急性期病院に入院したての頃、高原は小さな希望を感じてもいた。在宅ケア専門医である長尾和宏の著書『「平穏死」という親孝行』(泰文堂刊)を読み、自宅で看取るために新たな勇気をもらっていたからだ。

「人は口から物を食べられなくなれば、排尿だけがしばらくつづいて、自然と枯れるように亡くなることができる。それはとても自然なことだ、という長尾先生の考え方を知って、とても共感できました。終末期を迎えた人に延命治療などの〝余計な医療〟をしなければ、病院で全身をチューブまみれにされて人としての尊厳を失う前に、自宅で家族に見守られて自分らしく死ぬことができる。死は病気ではなく、人生の大切な締めくくくりであり、自宅での看取りは、家族にとっても人として当たり前のことと向き合うチャンスなんだと気づかせてもらえたんです」

長尾の平穏死の考え方に共感した高原は、さらに知人の紹介で看取り士である柴田の存在を知る。まず彼女の著書を読み、看取り士資格を取ることを決意する。すでに自宅介護中だった２０１５年11月に資格を取得すると、彼女の考え方は一転して前向きなものに変わった。

「母の介護が辛いときも、幸せな看取りに至るための貴重な時間だと教わったので、母が時おり見せるほがらかな笑顔をいつくしんだり、天気がよければ母を車椅子に乗せて散歩に出かけたりと、日常の中で小さな喜びを見つけて楽しもうと心がけるようになりました」

看取り士の対話法の基本は、傾聴・反復・沈黙の３つだと言われる。

「傾聴」はひたすら相手の話に耳をすますこと。「反復」とは、相手の言葉を反復することでその立場に寄り添い、忍び寄る死の不安や恐怖を分かち合うこと。最後の「沈黙」は、相手の言葉にさえならない想いや不安を黙って分かち合うことだ。

しかし、高原の母は倒れて以降はほぼ口がきけなかったので、この対話法をそのままは使えない。言葉の代わりに、高原は母の息遣いやお腹の音などに耳をすまし、体調を細かく把握するように心がけた。

一方、胃ろうに注入する栄養剤を、母が吐き戻さないように減らしつづけたら、従来の1日1200キロカロリーから300キロカロリーにまで激減。母の体重も29キロにまで減り、その太ももは腕の太さほどに肉がこそげ落ちた。半面、母が嘔吐する回数はめっきり減り、表情はとても穏やかなものになって高原をひと安心させた。

「お腹が消化する音に耳をすましたり、痩せたおかげで皮膚の上から触ると、腸のどのあたりに便があるのかも察しがつくようになりました。脳卒中で倒れてからの母は自力でいきむことができず、排便時も私が肛門に指を入れて便をかき出す必要があったので、その頃合いを下腹の手触りだけで推し量ることができたんです」

物言わぬ母の変化を、五感を活かして察知する彼女なりの対話法だった。

高原は2度の経験を踏まえて、口から自力で物が食べられなくなったから胃ろうを造設するという結論は、けっして安易に出すべきではないと強調する。

「誤嚥性肺炎を避けるために勧められた胃ろうが、本人の体力が落ちれば、その肺炎を招き寄せるからです。胃ろう造設時の母の担当医は、その危険性について何の説明もしてくれませんでした。私のような知識や経験がない人なら、病院に勧められるまま、何のためらいもなく延命治療に同意した挙句、大切な親に辛い思いをさせてしまったと、後で自分を責めつづけることになりかねません」

もちろん本人に意識があり、自分はまだ生きていたいから胃ろうを造設したいと考えるのなら何の問題もありませんが、と彼女はつづける。

「本人が意思を示せず、口から自力で食べられない終末期の場合、家族は、『本人なら、この状況で何を一番望むのだろうか』と考えてあげてほしいですね。自宅介護で家族が流動食を根気強く食べさせてあげるとか、何も与えずに枯れるように死んでいく平穏死も、寿命は多少短くはなっても、本人の尊厳を守るという点で選択肢になると思います」

## 心臓がギューッと強く痛んだ瞬間

高原宅を訪れた在宅診療担当の医師が、お腹が張り出して腹痛に苦しむ母の状態を危険だと判断し、病院への緊急搬送を決めた。２０１６年６月のことだ。約３年間の自宅介護で通算３回目の救急車による緊急搬送だった。診断の結果、腸閉塞が原因とわかり、これが最後の入院になる。

診断した外科医は、腸に詰まったものを出すための開腹手術への同意を求めてきた。高原は体重29kgまでやせ細った母への手術に対する不安を伝えた。仮に手術は成功しても、それで体力を使い果たしていのちを失う危険も感じていたからだ。高原はそれ以前にも病院の在宅診療の担当医を通して、「死は病気ではない」とか、「胃ろう以外の延命治療はせず、最後は自宅で看取るつもりだ」といったことを病院側に何度も伝えていた。

結局、手術の緊急性を主張する外科医を前に、高原は実兄とともに母の手術の同意書に渋々サインをして、病院をいったん後にした。だが、その夜に思い直して翌日一人で病院との再打ち合わせに臨んだ。すると外科医の話では、腸に溜まっていた排泄物が胃ろうなどからかなり抜け、今後３日間の様子を見てから手術の是非を判断するという。

これで危機を脱したかと高原は小さな希望を感じたが、数日後に病室の母を見舞うとかなり衰弱しているように見え、やはり自宅に連れて帰りたいという想いがつのった。

そこであらためて病院との話し合いが行われた。

「母を１日でも早く自宅に連れて帰りたいんです」

高原は担当医に開口一番こう断言した。

「体調が落ちついたらね」

担当医は高原の決意表明をはぐらかすように言った。前日に高原は手術の同意書をサインしたばかりなのだから、担当医の気持ちもわからなくはない。

「はぁ……」

その言葉に苛立った高原がため息をつくようにそう漏らすと、

「『はぁ』じゃなくて、ちゃんと栄養が取れるようになったらね！　それに自宅で栄養剤を注入できなければ、どうするつもりですか？」

まるで開き直ったような担当医の詰問に、今度は高原の感情が高ぶった。医師の判断に何度も抗う自分が気にくわないことはよくわかる。だが、母の体調への無神経な言葉遣いは許せなかった。素人目に見ても母はもう「自力で栄養を取れるようになる」状態には見えないからだ。高原は間髪入れずに医師らに言い放った。

「(在宅で栄養剤を注入できない) そのときは、母が『もういらない』という意思を示しているんだと考えます」

「………」

高原の決然とした表情と言葉に、今度は医師たち3人が言葉を失った。

短い沈黙の後、母の鼻に挿入したチューブを抜く準備などがあると、なぜか医師3人が部屋をそろって退出。一人取り残された高原は、退院を早めることが何を意味するのかはじゅうぶんにわかっていた。それでも母はこれ以上の医療をもう望んでいない――それが泣き笑いの3年間を分かち合ってきた娘の確信だった。

「わかりました。確かに高原さんの言われるような考え方もありますね。では、なるべく早めに退院できるようにしましょう」

ふたたび入室した担当医らは、妙にあっけなく前言をひるがえし、高原を拍子抜けさせた。自宅で母を看取りたいという彼女の決意を、医師らが熟知していたためかもしれない。

……よかった。大病院の医師らを相手に一人で抗《あらが》いつづけてきた高原は思った。無意識にこわばっていた肩の力が急に抜けると、ふいに涙腺が熱くなりそうで内心焦った。実は、恥ずかしがり屋の母に似て、高原も人前で自己主張するようなタイプではない。

「でも、母のいのちがかかっていることだと、当時は自分でもビックリするぐらい大量のエネルギーが出ていましたね。母を在宅で看取ると決めた時点から、『母のことは私が判断して動いていかないと埒《らち》があかない』という気持ちで、介護にも取り組んでいましたし」

小柄で細身の高原はどこか他人事みたいにそう言って、また小さく笑った。９歳上の高原の兄（66歳）は母と妹の共通点をこう話す。

「妹の芯《しん》の強さは母譲りですね。働きながら約３年間も母を介護してきた姿を見て、中途半端な気持ちでは到底できないことですし、芯の強い女性だなとあらためて感服しました。母を想う愛情の強さも、私なんかは全然かなわないなぁと……」

右から高原・母の啓子・高原の娘

迎えた退院当日の朝、同病院の在宅医療担当でもある副院長が病室に顔を見せ、ベッド周りを整理している高原にこう打診してきた。

「鼠径部《そけいぶ》（腿の付け根）からの高濃度の栄養点滴だけは、つけさせてもらえませんか？　これは僕からのお願いです」

母の吐き戻しで使えなくなった胃ろうに次ぐ、第2の延命治療の打診だった。

たとえ1日でも長く生きていてほしいと哀願するような彼の顔つきから、医師の良心に基づく提案であることは高原にも察することができたが、もう結構ですと即答した。できれば胃ろうも外して、生まれたままの姿に戻してから母を自宅に連れて帰りたかった。その申し出をにべもなく断った瞬間、表情は平静を装ったつもりだったが、高原の心臓は密かにギューッと強く痛んだ。

当日の午前中に自宅に戻ってしばらくすると、眠っていた母は目を覚まし、家の中をキョロキョロと目だけ動かして見回し、やがて穏やかな表情を見せて高原をホッとさせた。病室で衰弱していた「患者」を、住み慣れた自宅に「家族の一員」として取り戻せたことをようやく実感できた。先の副院長は同じ日の午後、高原家を訪れて母の顔を見ながら、「娘さんの判断は正しかったですね。お母さんの表情がとても安らかです」と言った。彼は後日、茨城県で行われた母の納骨にもわざわざ参席してくれた。

朝から慌ただしかった当日から10日後、冒頭で触れた笑顔の記念撮影を迎える。

## 母の遺体を家族で交互に抱きしめて看取る

冒頭で少し触れた、高原が母を看取った日に話を戻したい。

看取り士の柴田らが高原に後を託して帰った当日の夕方、母に変化が訪れた。呼吸が急に不規則になったかと思うと、その間隔が長くなり、さらには息をすること自体が辛そうで「アーッ、アーッ」と声が漏れた。もはや肺ではなく、喉の筋肉を目一杯使って息をしぼり出しているように高原には見えた。だが、傍目には息苦しそうに見えても本人はそうでもないと、柴田から聞かされていたので慌てなかった。

「初めての看取りでしたが、柴田会長に最期までの流れを事前に聞けて、『大丈夫、お母様の慈愛にお任せすればいいの』と微笑んでもらえて勇気づけられました。柴田会長が常々言われている『亡くなる人は自ら死をプロデュースする。だから本人にすべて委ねておけば大丈夫』という意味だとわかりましたから。それに看取り士養成講座を通して、『死は忌み嫌うものではなく、人生の大切な締めくくりである』という死生観を持てて、その日を迎えられたことが私には何よりありがたかったです」

彼女にとっては満を持して迎えた日でもあった。

母の呼吸がさらに浅くなり、息をする度に肩と下顎《あご》が大きく上下した。さらに下顎を支える力が失われて口を閉じられなくなる。片マヒになって以来、閉じていた右目が急に開いたが焦点は定まっていない。高原はこの時点では娘ではなく、看取り士として母と向き合っていたと振り返る。

「午後５時頃から集まり始めた家族に、一人ずつ母の視界に入って声をかけ、手を握るように伝えました。不思議なのは私の娘や兄の子供たちがそろうまで母が待っていてくれたことです。兄は翌日に都合があって来られないと話していたので、私もやきもきしていたんです。できれば家族全員がいるタイミングで逝ってほしかったですから」

午後９時すぎ、高原が唾液の吸引をしている最中に母は静かに逝った。全員の都合を踏まえて母は逝ってくれたと高原は感じた。子供たちには惜しみなく与える一方で、自分からは子供たちに何も求めようとしなかった母らしい最期だと思った。

「私自身驚くほど冷静に、『みんなで抱きしめてあげて』と伝えると、みんなが『ばぁば、ありがとう』『お疲れ様』と口々に声をかけながら、交互に母を抱きしめてくれたんです。その後で、私は『こんな穏やかな死に方を見せてもらえて、私たちも幸せだね』と伝えました。その場の温かな空気が感じられて、とても満たされた神聖な気持ちでした」

臨命終時《りんみょうじゅうじ》という言葉がある。

母を見守る高原（右・手前）と柴田

元は仏教語で阿弥陀経の中にもあり、その略語が「臨終」。病院で使われる「ご臨終」は「生命の終わり」を意味する。そのため故人と別れを惜しむ時間さえ満足に与えられず、家族が病室から追い出されてしまうのは、院内の霊安室に送るためのエンゼルケアを約30分で済ませるためで、理屈にも合っている。

しかし、仏教で言う本来の臨命終時とは、死期が差し迫ったときから、寿命が尽きるまでの「間」を指し示す言葉とされる。心臓が止まる肉体的な死と、人の寿命が尽きる間に時間差があるという考え方だ。そのために昔の人たちは死に臨んでも心乱れることなく念仏を唱え、安らかな死を迎え入れられますように仏様に祈った。

柴田はそれを現代風に改め、遺体がまだ温かいうちは抱きしめたりさすったりすることがいのちのエネルギーを受けとる大切な時間になるとして、「『いのちのバトン』を受けとる」と呼んでいる。高原によると、母は夕方に亡くなったが、その身体は翌日の夕方に葬儀社が来るまで温かかったという。

「手足は早めに冷たくなるんですが、お腹や背中、とくに肩甲骨の間は翌日もまだ温かったですね。温もりがあるうちはお別れの時間なので、亡くなった翌日も母のそばを通る度に抱きしめたりしていました。亡くなってから発するいのちのエネルギーですが、母の場合はとくに強い熱量ではなく、少し弱めだけど、ずっと長く持続するものでした。母の身体に触れつづけることで、いのちが限りあるものだということと心静かに向き合うことができて、自分の生き方を見直す機会にもなりました。また、ある時点から『じゃあ、自分はこれからどうやって生きていこうか』という視点に切り替わり、私の天命をまっとうしたいという強い気持ちがお腹の底からグッと湧き上がってきました」

通常の病院ではそんな悠長な時間は許されない。人は死ぬときでさえ「効率的」でなければいけないからだ。

## 看取りをめぐる母と娘の「あうんの呼吸」

母を自分の胸に抱きしめて看取った高原の心に芽生えたのは、看取りは自分自身のエゴだったという発見だった。

「当初は直感的に私が看取ってあげると決めていて、『母のために』という気持ちでした。その後、腸閉塞などをへて看取ってからは、『結局は私自身のためだったんだな』と気づかされたんです。心身ともに大変きつい体験でしたが、約3年の日々は私の生きる糧でもあったし、自分の人生を見つめ直すきっかけにもなり、退職して新しい仕事も始められたからです。それら全部が母から私への贈物《ギフト》でした」

彼女は母を看取る前年の2015年5月に会社を辞め、同8月には介護用品をデザインする会社を起業していた。介護中にデザイナー感覚を発揮し、母の身の回りの介護グッズをより可愛く作り直していたことがきっかけだ。母を救いたいと思いながら、逆に苦しめてしまうことの連続だった日々が実らせた果実かもしれない。

一方、何の事前知識もないまま、母親の看取りを経験した高原の兄は振り返る。

「当初、妹から看取り士の資格を取ったと聞かされても、正直言って関心がなかったので、『ふーん、そうなの』程度でした。ですが、実際に自宅で肉親に看取られることがこんなにも幸せで、人としても自然なことなんだと、妹のおかげで気づかせてもらいました。母に抱かれて育った66歳の私が、86歳の母を最期に抱きしめ返してあげられたのもよかったと思います」

兄は2017年に入ってから生前整理も始めた。やらなくなった趣味に関連するものや、昔の写真などから処分している。加えて、できれば自分も母のように自宅で家族に看取られたいと考えるようになった。彼にとっての看取りは「何だか怖いもの」から、「幸せで自然な死に方」へ大きく様変わりしたことになる。

高原の娘も、約3年間同居した祖母の看取りを前向きに語った。

「生前は、返事がなくても通じていると思って祖母に話しかけていたので、やはり寂しいです。でも、死は忌み嫌うものではなく、とても自然なことだと実感できました」

受話器越しながら彼女の声はとても晴れやかだった。

看取りについて学んだ高原とは違い、とくに事前知識もなかった兄と娘の２人は、自宅での看取りを肯定的に受け止めていた。

一方の高原の心境にも変化があった。当初、母親の看取りは自分の思い入れでしたことで、娘に同じことを頼むつもりはなかった。

「ですが、母の介護を通して私がもらった贈物《ギフト》に気づいたときに、私を看取ることで娘にも何らかの贈物を受けとってほしいと思い直して、母を看取った約二カ月後かな、『やっぱり、私も看取ってほしい』と伝えると、娘は二つ返事で『うん』と答えてくれました。それ以上、２人でとくに話す必要もありませんでしたね」

高原との「あうんの呼吸」について娘はこう補足した。

「祖母を介護する母の辛そうな場面も見てきましたから、不安はもちろんあります。でも、母の人生に看取りが組み込まれているのなら、できる限り私もそれをかなえてあげたいと思います。私自身の看取りですか？　それはまだわかりません」

まだ23歳の彼女のきっぱりとした声は、祖母の看取りをやり遂げた母親への強い敬意と愛情に満ちていた。

# 第5章

# 「残念な敗北」から「大切な締めくくり」へ

外資系企業のエリート社員から看取り士になった柴田久美子の軌跡。

その過程で彼女が見た「死ぬ場所を決める自由」がない施設の高齢者や、延命にならない延命治療の現実。

美しくて尊い死の文化を取り戻すことの先にあるものとは何なのか。

島根・知夫里島の看取りの家「なごみの里」時代のアキさん（当時100歳）と柴田（撮影／國森康弘）

## 一晩中抱きしめてくれていた母の姿が原点

胃がんの父親が自宅で迎えた最期の日の厳粛な空気と、家族への感謝を笑顔で伝えて毅然と逝った光景――それらが柴田の看取りの原点だと第1章で書いた。

一方、その胸に抱きしめるという柴田独自の看取り方は、子供の頃に喘息《ぜんそく》で死にかけた彼女を一晩中抱きしめてくれていた母の姿にまでさかのぼる。

柴田が顎下腺《がっかせん》（顎の下にある大唾液腺）がんの手術を終えた後の2002年の3月、今度は柴田の母が心不全で倒れて入院。死線をさ迷う88歳の母の手を握りながら、柴田はあの夜のことを心の中で語りかけたという。母の心臓は弱り、鼻に酸素管、尿道にも管をつけられていた。

「あの寒い冬の出来事を母さんも覚えているよね。私の喘息がひどくなって、医者から『もうダメですね』って言われたときのこと、お母さんは寝ずに私のことを抱いていてくれたよね。あのとき、私は幼くてよくわからなかったけれど、母さんの腕の中で死んだって思ったの。でも、怖くなかった。きっと母さんのぬくもりに浸って、安心しきっ

ていたんだね。ありがとう。母さん」（『看取り士日記』柴田久美子著／コスモ21刊）より抜粋）

幼かった頃の死の恐怖が、母の温かい懐に包み込まれて遠のいた記憶。

柴田はかつての母の面影を真似て、自身が高齢者を抱きしめることで、相手の不安や恐怖をも包み込もうとしていたことがわかる。同じ年の5月、柴田は暮らしていた島で看取りの家「なごみの里」を開設する。

そのときの母の入院が、第3章で書いた、ベッドの上の柴田の手書きの貼り紙「『頑張れ』とは言わず、『大丈夫だよ』と声をかけてやってください」につながっていく。

延命治療をせずに自然死で、場所は病院で柴田に看取ってほしいこと。

それが母との最後の約束だった。

母は一時的に持ち直し、柴田と島で暮らすことを楽しみにリハビリに取り組むまでに回復してから急逝する。柴田は兄の車の後部座席で、その胸に母を抱きしめて温もりを感じながら病院から兄の家へ戻ったという。

## 日本マクドナルドでの昇進と挫折

「看取りと聞くと、少し引いてしまう。そんな方はこの会場にはいらっしゃらないかもしれません。でも、先日の講演会のタイトルを『死から生を観る』と私がお伝えすると、主催者から『死』という言葉を外してほしいと言われました。そのときに、ああ、死というものはこれほどまで忌み嫌われているんだと、主催者の方から教えていただきました」

柴田が池袋の雑居ビルでの講演会でそう切り出した。

いわれなき偏見に怒るのではなく、「教えていただきました」と視点を変える点に彼女らしい懐深さとユーモアがある。それが伝わったのだろうか、会場に苦笑とも嘲笑ともつかない小さな笑い声が起こる。２０１７年4月下旬の日曜日の夕方だった。

「私は今よりちょっと若かった20歳の頃に日本マクドナルドに入社し、結婚して子供を授かっても働きつづけました。スピードと効率優先の職場で働くことこそが自分の使命だと信じていた頃です」

まだ大半が男性店長の時代に、数少ない女性店長として実績を残し、同社で最高の栄誉とされた社長賞「藤田田賞《ふじたでん》」（当時）を受賞して昇進。子供を家政婦に預けて海外出張に出かけ、２店舗のオーナーとして深夜まで働き、自宅にはなかなか帰らない日々だった。

「忙しくなるほど自分を責めつづけ、心がむなしくて、孤独で、居場所のない寂しさと、常に何かに追いかけられている焦燥感の中でずっと走りつづける毎日でした。『私はこの会社で働くことで、いったい何を求めてきたのだろう？　お金か、物か、地位なのか』という、それまであえて考えてこなかった疑問や不安に苦しむようになり、ある日、下の息子を保育園に預けたあと、自宅で大量の睡眠導入剤を『これで楽になる、救われる……』と思いながら飲み込んでいました」

80人ほどで満員状態の客席は静まり返って柴田の話に耳をすましている。

島根県出雲市出身の柴田は、若い頃は都会的で華やかな世界への憧れが強く、航空会社の客室乗務員に次ぐ夢が、米国企業で働くことだった。スピードと効率至上主義からの脱却のために看取り文化の復活を目指す柴田が、かつてはその権化のような職場で悪戦苦闘していた頃のことだ。

「異変を察したアシスタントが自宅に来てくれて、倒れている私を発見して救急車で搬送され、かろうじていのちを取り留めました。その後、男性上司に退職したいと申し出ると、『辞めるなんてもったいない。世界一周でもして休めばいいじゃないか』と言いました。この人が私の気持ちをわかることは生涯ないだろうと思い、退職願を出しました」

20歳で日本マクドナルドに入り、社長秘書を振り出しに店長から店舗オーナーとなり、先の社長賞をはじめ社内表彰も数回受賞するなどの15年間の勤務。その結果、柴田が行き着いたのは自殺未遂と離婚、２人の息子との離別だった。

柴田が笑うと口角がきれいに上がり、銀縁メガネの奥の瞳が細くて円い２本の線になり、あの黄色地に黒い線で描かれたスマイルマークを思い起こさせる。その笑顔の向こう側にある、スピードと効率の果てのもう一つの物語だ。

## 自分の最期を決める自由を持たない入居者たち

マクドナルドを退社後、柴田は都内などで飲食店を開業したがうまくいかず、彼女は福岡の有料老人ホームに勤務する。「他人の役に立つ、愛ある生き方」を目指しての転身だった。ホテルのような豪華な建物と食事と職員の優しい笑顔があり、自宅を引き払って入所する方もたくさんいた。その中の一人が94歳の元弁護士だった。

「『柴田君、私はここで死ぬ。延命治療も病院ももうたくさん。頼むよ』というのがその方の口ぐせでした。しかし、ある日呼吸が苦しくなって病院に運ばれ、ご本人はホームに帰りたいと訴えつづけたにもかかわらず、その身体は次第にチューブまみれにされた挙句、病院でひっそりと息を引き取ったのです」

彼の口ぐせをいつも笑顔で受け止めていた柴田にとって、彼の無念の死は刃物で自分の胸をえぐられたかのような痛みと悔いを残した。だが一介の介護ヘルパーに過ぎない彼女には、それがホームの方針である以上、どうすることもできなかった。

「ホームの白い壁を見つめながら、本人の意思とは無関係に病院に送られて、チューブまみれにされて亡くなっていく人たちとの別れは、本当に辛くて耐えがたいものでした。豪華な老人ホームには、自分の最期を自ら決めるという自由がなかったんです」

柴田はそんな現実と決別して、病院も葬儀社もない島根県の離島に移ることを決意。そこでホームヘルパーとして4年間働いた後、病院では死にたくないという高齢者を対象にする看取りの家を立ち上げる。目的は「産まれた時に真っ先に母親の胸に抱きしめられたように、逝く人たちを抱きしめて看取りたい」だった。

## 人口約600人の島の「死に方」の達人たち

柴田が渡ったのは隠岐の島の知夫里島《ちぶりじま》。島根県の七類港《しちるいこう》から船で北へ約44km、本土までの直行フェリーは1日1便で、人口約600人の半農半漁の島だった。高齢化率は43%だが、在宅死亡率は75%と飛び抜けて高い。しかし、柴田が島に渡った1998年頃はすでに、住み慣れた自宅で死にたいと望みながら、本土の病院に連れて行かれて亡くなる高齢者が増えていた。

その島で柴田が看取らせていただいたと話す「死に方」の達人とでも呼ぶべき方々を紹介したい。

当時１００歳のアキさんは、一つの愚痴もこぼさず、柴田やスタッフと目が合えば、笑顔で合掌する女性。自ら、

「７人兄妹の甘えん坊の末っ子で、あたしゃあロクな人間じゃないよ」

などと言ってはスタッフたちを笑わせる、サービス精神の持ち主でもあった。

一人息子は74歳で同じ島で暮らしていたが、高血圧の持病を抱えて退院したばかりで、アキさんの世話はできなかったと柴田は話す。

そんなアキさんがあるときブツブツと一人小声でつぶやいていたので柴田が何を言っているのかと尋ねたところ、こんな答えが返ってきたらしい。

「最期のときに楽しく死ねるようにね、いつ死んでも『ありがとう』って言えるように練習しているんだよ」

死への不安や恐怖を感じていないはずはない。それでも楽しく死ねるようにと、周りへの感謝の練習をそうして黙々と繰り返す女性だった。

千代さんは全盲で寝たきりのご主人を、農業をしながら長い間一人で介護していた。柴田が自宅を訪れると、農作業の手を休めて真っ黒に日焼けした手でいつもコーヒーをいれてくれていた。その夫と息子にも先立たれると、本土で暮らす息子さんのお嫁さんが唯一の家族だった。

千代さんは信心深い人で、「なごみの里」に入居してからも、朝に夕に手を合わせて祈っていた。出雲村のお大師様参りの日とお盆には自宅に帰り、仏壇に手を合わせるのが彼女の何よりの願いだった。

「でも、身体を悪くして逝く日が近くなると、自宅に帰ることができずに泣き崩れられました。先祖や神仏に恋いこがれ、手を合わせることができずに涙する美しい姿には心が震えました」

柴田はそう振り返る。

千代さんは全身にがんが回ってほとんど食べられなくなったが、亡くなる前日まで、

「柴田さんや、わしは元気だ。ご飯をいっぱい食べられる」

とはっきりした、強い口調で言いつづけたという。

鏡の前でいつも笑顔をつくっていたトミさんは、柴田がその理由を尋ねると、
「笑って死ねるように稽古しとったわい。遺影を準備するのもええが、わしは一番いい顔で死のうと思ちょう」

とても穏やかな表情と淡々とした声の出雲弁でそう答えたという。

信号もコンビニもない島で生まれて80年、90年と齢を重ねてきた方々と時間をともにしながら、柴田は生きた重みや深さに敬意を払いたくなる場面に何度も遭遇。死を目前にしても悲観せず、むしろ謙虚に自分を整えようとする姿勢に圧倒された。

「私はそれらの方々を自然と高齢者ではなく、『幸齢者』だと考えるようになりました。これが先祖や神仏に恋いこがれ、それらに手を合わせることができずに涙する美しい姿。これが日本という国が営々と築いてきた誇れる文化であり、日本人の心の奥底にある信仰心であり、古来伝わってきた美意識だと感じました。そして看取り士こそ、この日本の文化や美意識を次の世代に受け渡す役割を担っているのです」

知夫里島での幸齢者たちとの暮らしの中で柴田が感じ考え、創意工夫してきたことが主に第3章で紹介した看取りの作法と考え方に注ぎ込まれている。

## 家族が終末期の人の意志をはばむ壁になるとき

柴田が離島での14年間の生活を終えて島根県米子市で暮らし始めて一番驚いたのは、多くの人が自分のいのちを何の疑いもなく病院任せにしていることだった。

「病院も葬儀社もない島での看取りは、普通の暮らしの中で時期が来たら自然に死ぬことでした。延命治療なんていう発想もありません。ところが米子に引っ越してきたら、自分のいのちのことなのに、多くの人は病院がなんとかしてくれるだろうと思っていたわけですよ。病院は安らかに死なせてくれる場所ではなく、むしろ逆なのに、です」

本人が延命治療などせずに死にたいと思っても、家族が無意識に本人の意志をはばむ壁になることも多い。それは1日でも長く生きてほしいという自然な愛情でもあるが、一方で本人の意志よりも、自分たちの都合を優先する家族のエゴかもしれないという視点を持つべきだと柴田はずばり指摘する。

「私の母が亡くなったとき、以前から母は自然死を希望すると話していたので、延命治療はしませんでした。でも正直に言うと、あのとき私の気持ちは揺れていたのです。病院に母と14日間一緒にいて、やはり1日でも長く生きてほしいと思っていたからです。ですから家族が延命治療を希望する気持ちはわかります。しかし、私は自分の気持ちよりも、自然死を希望する母の意思を優先しました」

延命治療をしない決断をするには勇気が求められることはわかる。

それは本人に代わって、死を受け入れることになると思ってしまいやすいことも柴田は理解できるという。

「多くの人はその時点で延命しないという決断を、まるで自分が殺人に手を貸すかのように感じて迷ってしまいやすいのでしょう。ですが厳しい言い方をすれば、それはいのちの責任を取りたがらないということ。しかも本人が事前に延命治療を望まないと家族に伝えていたとしても、家族が勝手に自分たちの気持ちや都合を優先して、延命を希望してしまう場合さえあります。それは愛情というより家族のエゴです！　その瞬間に家族は無意識に、延命したくないという本人の意志をはばむ壁になるわけです」

人は往々にして自分の都合のいいように物事を理解したがるためだ。

「あるいは、仮に病院から延命措置を勧められた場合、『お任せします』という本人や家族がいます。先ほどお話しした、自分や家族のいのちを病院任せにしすぎている端的なケースです。自分が食べる朝ごはんを決めるのを、誰かに任せたりしますか？　自分の人生を決める入学試験や、入社試験を誰かに任せたりしませんよね？

それなのに肉親の最期を、なぜ病院や医師に任せてしまえるのでしょうか？」

普段はニコニコして穏やかな柴田がその一瞬だけ、気色ばんだ。

## 延命治療が延命にならないこれだけの理由

元看護師で看取り士の清水直美は、延命治療の一つである点滴の危険性を挙げる。

「点滴の場合は、水分の過剰摂取で臓器や手足がむくんでしまう原因になりやすいんです。臓器がむくむ、つまり腫れると腸が圧迫されて、腸閉塞《ちょうへいそく》を起こしやすい状況に陥りやすい。死が近づいている終末期の患者さんに、延命治療がどれだけ有効なのかは議論のある部分だと思います。看取り士になった今、終末期の患者さんについて言えば、私としては穏やかな死に医療はいらないと考えています」

つづいて清水は胃ろうの危険性も指摘する。

「胃ろうの長期使用は、とくに寝たきり状態の場合に胃の動きが悪くなり、注入する栄養剤の消化が悪くなりやすいんです。すると消化できない胃は、栄養剤を拒絶するので吐き戻しますよね。その吐き戻しで誤嚥性肺炎を発症する危険性が高まったり、お腹にガスが溜まって腸閉塞状態になりやすいんです」

当然、病院や医師によって治療法も違い、患者や家族の意向でも変わってくる。

「病院が延命治療を惜しみなく提供するほど、栄養や薬剤の過剰投与になり、それらを体内に注入するためのチューブ類の本数も増えると思います。でも、私が勤務していた病院の場合、同じ病棟でも担当医や家族の意向で延命せず、枯れていくように平穏死される方もいらっしゃいましたよ」（清水）

一方、第４章で母への胃ろう増設を渋々承諾した高原が、母親の体力が落ちると、注入した栄養剤を吐き戻して誤嚥性肺炎の危険が高まった事例を思い起こさせる。

「母の担当医は、その危険性について何の説明もしてくれませんでした。私のように（胃ろうの）知識や経験がない人なら、病院に勧められるまま、何のためらいもなく延命治療に同意した挙句、後になって大切な親に辛い思いをさせてしまったと、自分を責めつづけることになりかねません。口から自力で食べられなくなったから胃ろうという選択は軽率にするべきではない」（高原）

その一方で高原は、本人に意識があり、自分はまだ生きていたいから延命治療を選ぶというのなら何の問題もないとも話していた。

2人の話をまとめると、延命治療の長期化や本人の体力低下によって必ずしも延命にはつながりづらいことを考えると、高原の次の言葉があらためて思い起こされる。

「本人が意思を示せず、口から自力で食べられない終末期の場合、家族は『1日でも長生きしてほしい』という気持ちをいったん棚上げして、まずは、『本人なら、この状況で何を一番望むのだろうか』と考えてあげてほしいですね。自宅介護で家族が流動食を根気強く食べさせてあげるとか、何も与えずに枯れるように死んでいく平穏死も、寿命は多少短くはなっても、本人の尊厳を守るという点で選択肢になると思います」

高齢化社会を生きている以上、親子ともども、いつかその選択を迫られることになる。そのとき初めて、どんな死生観を持っているのかが親子そろって問われるのだ。

## さ迷える「延命治療」観

あまり知られてはいないが医学会や厚生労働省でも以前から、延命治療の見直しの動きはある。生活習慣病や老年病分野の医療従事者や研究者などで組織される一般社団法人「日本老年医学会」は、「高齢者の終末期の医療及びケアに関する立場表明2012」を発表。いわば終末期医療のガイドラインだが、その中で延命治療にも触れている。

「立場1 年齢による差別(エイジズム)に反対する」の項で、「いかなる要介護状態や認知症であっても、高齢者には、本人にとって『最善の医療およびケア』を受ける権利がある」と明記。それにつづく「論拠」の項でこう言及している。

「胃ろう造設を含む経管栄養や、気管切開、人工呼吸器装着などの適応は慎重に検討されるべきである。すなわち何らかの治療が、患者本人の尊厳を損なったり苦痛を増大させたりする可能性があるときには、治療の差し控えや治療からの撤退も選択肢として考慮する必要がある」

実は、ガイドラインの5年前の2007年には厚労省が「人生の最終段階における医

**図④　「人生の最終段階における医療の決定プロセスに関するガイドライン」の利用状況**

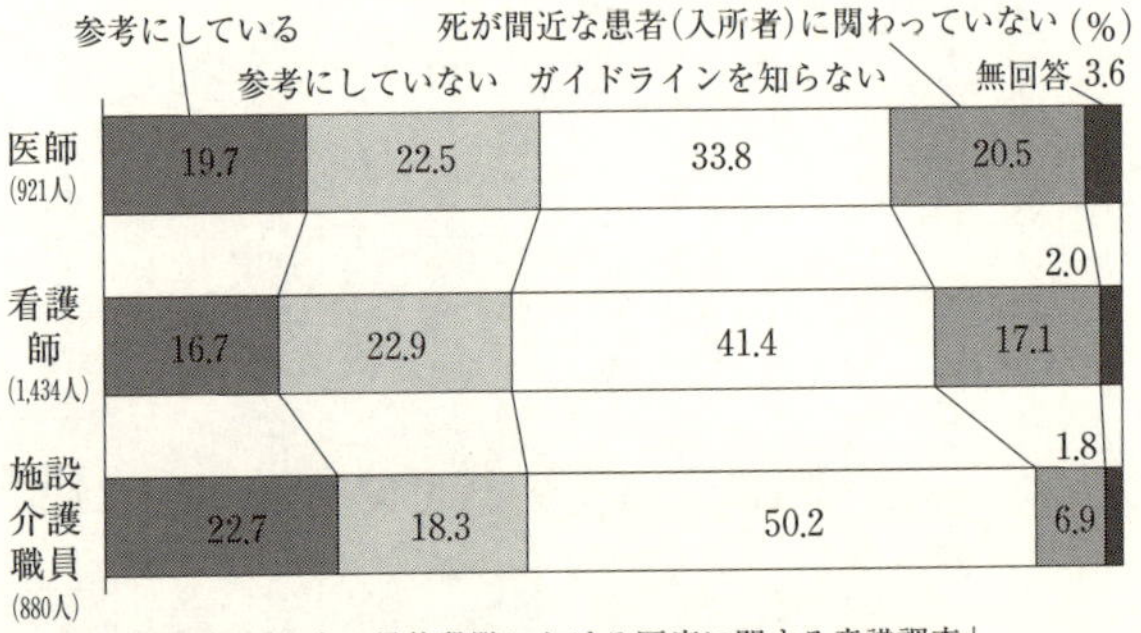


※厚生労働省「人生の最終段階における医療に関する意識調査」（平成26年3月）より作成

療の決定プロセスに関するガイドライン」を策定。患者の意思が確認できる場合は患者の意思を、そうでない場合は、患者の意思を推定できる家族の決定を基本として、患者の尊厳を重視して、医療とケアの方針を決めることがすでに強調されていた。

　ところが、同省が約6年後の2013年3月に実施した先のガイドラインに関する意識調査の結果を見ると、「（2007年の厚労省の）ガイドラインを参考にしている」と答えた医師はわずか19・7％。看護師は16・7％と全体の2割にも満たない。逆にガイドラインを参考にしていないと回答した医師が22
5％、ガイドラインを知らないと回答した医

**図⑤　人生の最終段階における医療について家族と話し合ったことがある人の割合**

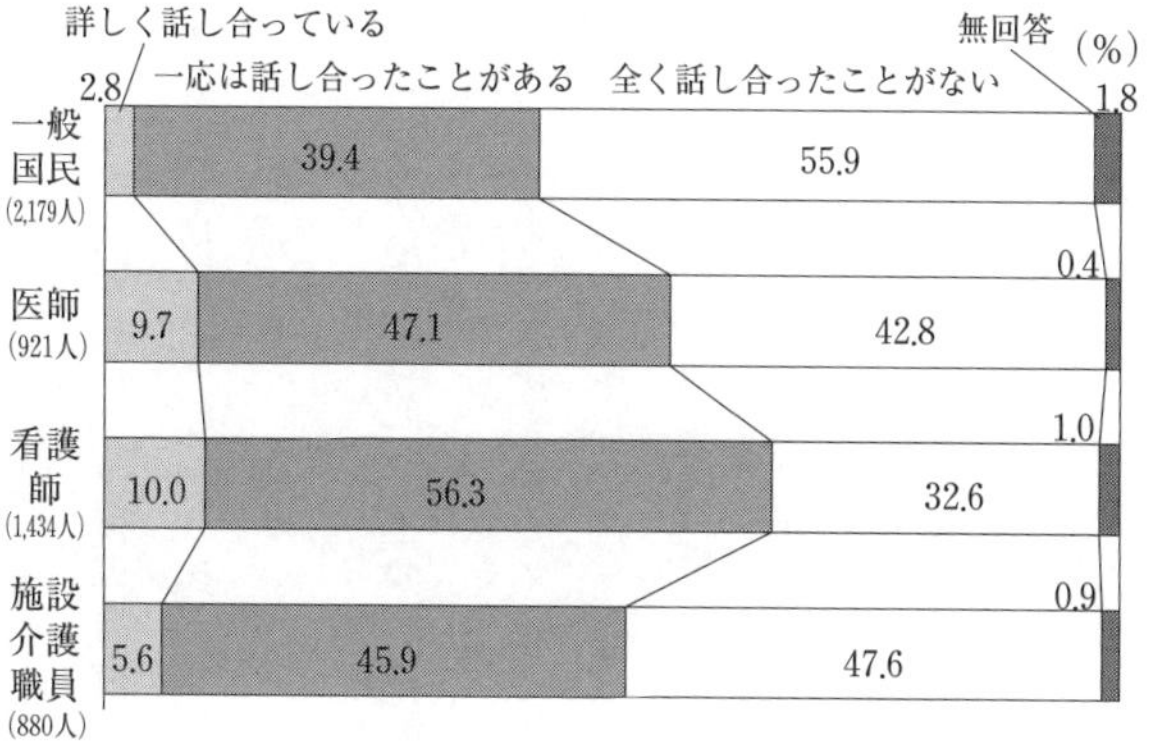


※厚生労働省「人生の最終段階における医療に関する意識調査」（平成26年3月）より作成

師が33・8%で合計56・3%と、ガイドライン参考派の3倍近い。患者の尊厳や人権への軽視ぶりが際立っている（図表④参照）。

一方、「自身の死が近い場合、受けたい医療や受けたくない医療について家族で話し合ったことがあるか？」の問いには、一般国民の55・9%が「ない」、39・4%が「一応話し合ったことがある」で、私の予想よりも関心の高さを感じるが、そんな縁起でもないことはできるだけ考えたくない、という空気も根強い（図表⑤参照）。

行政や医学会の患者の尊厳を重視する

動きと、現場の医師や看護師の関心の低さ。そして暗くて怖い死はできるだけ遠ざけていたいという世論。それらが世界有数の長寿大国である一方で、世界に類を見ないスピードで高齢化が進む私たちのさ迷える死生観だ。

## 社会的成功が足かせになる富裕層の看取り

一見「幸せな死」を迎えるだろうと思われがちだが、実際には違う人たちもいる。たとえば富裕層の人たちだ。社会的な成功によって得た資産などが逆に、看取りに際して足かせになる場合があると柴田は指摘する。多くの人たちは、お金があれば豪華ホテルのような老人施設にも入れるし、何の不安もなく悠々自適に暮らせるのではないかと考えがちだろうから、意外に思う人も多いはずだ。

「資産がありすぎてご家族同士が争われたり、資産を守ろうと周囲に対して疑心暗鬼になられたりして孤独感をつのらせる場合がけっこうあります。先日も都内のあるお屋敷に呼ばれて、看取りについてご説明したのですが、私が『時給８０００円計算でご対応させていただきます』とお伝えすると、先方にとってはあまりに安すぎたせいか、あまり信用していただけていないご様子でしたね」

柴田はそう言ってまるで他人事のように苦笑した。

その資産家は、高級ホテルのような施設で何不自由なく暮らしていたものの、約1年後には飽きてしまい、最期はやはり住み慣れた家のほうがいいと、自宅に戻ってきて看取りを考えられたようだったという。

「そもそも、社長さんもサラリーマンも死ぬ時は浴衣1枚。どれだけ貯金や不動産を持っていても、あの世にまで持っていくことはできません。いや、できないだけでなく、看取りに際しては逆に重荷になるケースをたくさん見てきました。ですから幸せに死ぬには、むしろ余計なものは持たないほうが身軽でいいんですよ」（柴田）

多くの人が社会的成功を求めるのは、それによって得られる経済面での安心感も大きな魅力のはずだ。ところが、柴田の言うようにそれらへの執着ゆえに穏やかな死が遠のく場合もあるとすれば、神様は意外と公正かもしれない。

## 死は「残念な敗北」ではなく「人生の大切な締めくくり」

看取り士の清水は、柴田が終末期の人に行う呼吸合わせと、自身が看護師時代に行っていた呼吸合わせとの違いをこう語った。

「私が現役時代にやっていたのは、患者さんを落ち着かせるために顔を近づけてゆっくりと深呼吸をして、荒い息遣いを正常なペースに誘導していくものでした。私はそれを看護知識として教わりましたが、柴田会長のすごい点は、多くの高齢者を看取られる過程で、その呼吸法を自ら編み出されたことです。また、私たちは回復の見込みがある患者さんにしか呼吸合わせをしませんでした。病気を治すことが目的の病院において、患者さんの死は残念な敗北だからです。しかし、柴田会長は逝く方と呼吸を合わせることで、死の恐怖を安心感で包み込むために活かされている点が180度違います。看取り士にとって死は残念な敗北ではなく、人生の大切な締めくくりなんです」

病院における死は「残念な敗北」とは、「人間は死んだらゼロになる」という死生観とも近い。それなら家族との別れの時間さえそこそこに約30分間のエンゼルケアで処理されて、病院１階の裏口近くの解剖室やゴミ処理室に隣接する霊安室に移され、人気《ひとけ》のない裏口から葬儀会場や自宅に搬出されるのも理屈に合っている。

前項と合わせて整理すると、病院と看取り士の死についての考え方の違いはこうなる。

①病院での「ご臨終」　＝肉体的な死＝生命の終わり

病院での「死」　＝残念な敗北

②看取り士の「臨命終時」＝肉体的な死から寿命が尽きるまでの「間」の時間

看取り士の「死」　＝人生の大切な締めくくり

並列させてみると、いったい誰が病院型の「残念な敗北」である死に向かって頑張って生きてみようと思うのだろうか、という素朴な疑問が生まれる。むしろ、看取り士型の「人生の大切な締めくくり」である死のほうが、なかなか思うようにはいかなくてもとにかく生きてみようという姿勢や、「いのちのバトン」という前向きな死生観ともはるかに結びつけやすいはずだ。

## 抱きしめて看取る理由

「延命治療の是非については、医師と家族の両方がいのちの責任を取りたがらないんですよ。『お金は払いますから、とにかく生かしてください』の一点張りという家族もいますしね。そこで延命治療を拒むと、自分が肉親の生死を判断することになりますから、それはみんな嫌がるわけです。患者さんが口から物が食べられなかったり、意思の疎通が取れなかったりするとなおさらですね。『夫は（延命は）嫌だと話していたんですが、息子たちが（延命）しようと言うもんですから』と平然と話す奥さんもいました」

元看護師で看取り士の清水はそう明かす。

一方の医師も延命治療の説明をした上で、あくまでも家族の選択に従うというふうに振る舞うのだという。家族が延命を望んでいるのに反対すれば、裁判を起こされるリスクもある。また、病院は医療行為をするところだという先入観が医師には強く、「終末期の方に医療は不要です」とは言いづらい。

「家族も医師も自分のことばかり考えていて、患者さん本人の意思が二の次になりやすいんです。責任の所在が宙ぶらりんの中で、延命行為だけが延々とつづけられてきた側面はありますね。それを考えると、柴田会長のように自分の胸に抱きしめて看取ることは唯一、『私がこの人の死の責任を持つ』というシンボリックな行為だと思います」

喘息で危篤に追い込まれた幼い柴田を一晩中抱いて救った母の面影。それが柴田の抱きしめて看取ることの原点だった。それは半世紀を超えて、いのちの現場で宙に浮いている責任の在り処《あか》を自ら体現する作法になっていたことになる。

柴田はその看取り方を島根の離島で高齢者たちとともに暮らし、見送りながら培ってきた。島での彼女の時間の使い方はひどく非効率なものだった。

「『愛は時間を注ぐこと』と言いますが、何かをしている時間ではなく、ただその人のそばに寄り添って話を聞き、あるときは何も言わずに黙っているだけなのです。そのことで共感しているのです。そのような時間を過ごすことが愛なのだろうとわかってきました」（『看取り士日記』より抜粋）

柴田の母の一晩中の娘への献身をはじめ、そもそも愛とはとんでもなく非効率な祈りだという当たり前の事実に私はようやくたどり着く。注いだ愛情が報われるかどうかなどお構いなしに、母はいのちの瀬戸際にある娘をただひたすら抱きしめるからだ。

柴田は父と母の小さな仏壇を持っている。

地方の講演先にいても朝夕と水を供えて線香をたき、手を合わせて祈る。土産物をもらえば、まずは自宅の仏壇に供えて報告をしてからいただく。彼女が自宅にいないときは彼女の娘が水を供えて花を活けている。そうして自分が一人で生きているのではないこと、生かされ、支えられていることに感謝する気持ちが、同居する孫娘にも自然と養われる。暮らしの中で習慣として身についていくことが文化だと柴田は信じている。どれも効果は目に見えないから非効率でナンセンスだと言われれば、その通りだ。

しかし、この国の美しくて尊い死の文化を取り戻さない限り、スピードと効率だけに痩せこけた社会は何も変わらない。約200人の人たちをその胸に抱いて看取ってきた柴田久美子の、2017年現在の祈りである。

（文中敬称略）

# 終章　「看取り」から「MITORI」へ

２０１７年７月、カナダから帰国したばかりの柴田に都内で会った。去年５月につづき、２回目はカナダのブリティッシュコロンビア州での講演会と、５泊６日の胎内体感講座を開催してきたという。当初、柴田はキリスト教文化が根づく国で、日本の看取り文化が理解されるのだろうかと一抹の危惧を持っていたが取りこし苦労に終わった。

大きな理由は２つある。カナダでは病院死する人が日本並みの85％もいることと、国民の多くが本当は自宅で家族に看取られて死ぬことを希望していながらできずにいるからだ。参加者はカナダ人や日本人、それに日系カナダ人や世界から同国にやって来た移民たち。講演会にはそれらに加えて病院や老人施設の関係者もいたらしい。

「カナダはホームレスの人たちも最期は病院で安心して死ねるほど、日本よりも医療制度が充実しているんです。それゆえ逆に住み慣れた自宅で死ぬことが難しくなっている面があるようです。講演会に参加したカナダ人に話を伺うと、『自分の好きなところで最期を迎えられる社会のほうが、実は豊かなのではないか』という考えを持たれていましたね。その点でも私たち日本人ととてもよく似ていると思いました」

背景には延命治療をはじめ医療が高度に発達する一方で、先進国では人の死をめぐる状況がどこも似通ってきているのではないかと柴田は推測する。

「キリスト教文化が普及していれば、死に対する不安はさほどないのではないかと思っていたんですけど、講演会でも『死に対する恐怖とどう向き合えばいいのか』とか、『死にゆく患者にどのように接すればいいのか』などの質問が多かった。日本人と同様に死生観が曖昧なために、死の恐怖にいたずらに脅《おびや》かされている印象を受けました」

柴田が今回一番驚かされたのは30代のカナダ人女性からの質問で、親の最期を見るのが辛いからと家を出て以降、両親とは連絡を一度も取っていないというものだった。

「それなら親に会わない状況は生前も死後も同じだから、実際に死んでもショックを受けなくても済むというわけですよ。両親もふくめて他者と関わりすぎると将来の別れが辛すぎるから極力会わないように努める。もしかしたら、これは日本やカナダに限らず、世界中の若者に共通する弱さのひとつの傾向かもしれませんね」（柴田）

たしかに極端な例だが、2017年の日本人の多くが残念な敗北を忌み嫌う一方で、若さばかりに異様に執着することともつながっているかもしれない。

幸い、そのカナダ人女性は講演会終了後、柴田に「私が間違っていました。今度、母親に会ってきます」と泣きながら伝えに来てくれたのだという。

カナダでの講演会と養成講座に話を戻すと、日系カナダ人の元航空会社の客室乗務員が代表になり、今秋には現地法人が立ち上がる予定。日本の看取りが世界の「MITORI」へと広がる一歩だ。「TOYOTA」でも「KARAOKE」でも「KAROSHI」でもない、日本にもっと昔から根づいていた死の文化を発信することになる。

＊　＊

今回の取材を通して私がもっとも強く思ったことは、普通の日本人の底力は物凄《ものすご》い。この一点だ。肉親の死という究極のプライバシーを、私に誠実かつ赤裸々に泣き笑いしながら語ってくださった方々一人一人から共通して感じたこと。いのちの瀬戸際と向き合い、そのバトンを受けとった方々が放つ輝きを、そのひりひりする物語とともに非力なりにできる限り多くの読者に届けること。それが今回の私の仕事だった。

看護師や介護士として働きながら、現場で覚えた違和感を突破口に看取り士になった方々も同様だ。将来絶対に必要とされる仕事になるという使命感が、看取り士会の方々の士気を高めている。皆さんがほがらかでパワフルだ。

気がつけば「裸の王様」たちがあちこちに現れ、それにすり寄る目ざとい人たちが公然と嘘をついて何ら恥じることもない。ずいぶん破廉恥《はれんち》な社会になり下がってしまったとウンザリしている方々には、いつの時代もそんな人たちは一握りで、むしろ大多数の普通の日本人の底力こそが社会の基盤だから大丈夫と伝えたい。この本に登場した方々が実は皆さんの近くに暮らしていたり、あるいは昨日の街頭ですれ違ったりした人かもしれないと思うだけで、何だか少し元気がわいてこないだろうか。

最後になったが、柴田久美子会長をはじめ、取材に協力していただいた一般社団法人「日本看取り士会」の皆さんと、実名、仮名表記を問わず、長時間のつたない取材に辛抱強く付き合ってくださった皆さんにも心からお礼を申し上げます。ありがとうございました。また、今なお私を支えていてくれる亡き母の登美恵と、「なんでやねん！」の抑揚が近頃ほぼネイティブな妻のロサマリアにも感謝します。

２０１７年９月吉日

荒川　龍

**【問い合わせ先】**

■一般社団法人「日本看取り士会」本部（岡山事務所）

〒 701-1145　岡山市北区横井上 1609-2-107

☎ 086-728-5772　FAX 086-239-3992

http://mitorishi.jp

メール　staff@mitorishi.jp

■函館研修所

〒 041-0812　函館市昭和 1-1-3

☎ 080-1866-7978（広瀬）

■東京研修所

〒 194-0013 町田市原町田 1-13-1-508

☎ 090-2143-9974（清水）

■信州研修所

〒 391-0005 長野県茅野市仲町 24-32

☎ 090-9666-0807（原）

■滋賀研修所

〒 522-0341 犬上郡多賀町多賀 1227-42

☎ 090-2596-2209（西河）

■ 九州研修所

〒 859-4743 長崎県松浦市星鹿町 172-1

☎ 090-1929-0789（大橋）

# 抱きしめて看取る理由

## 自宅での死を支える「看取り士」という仕事

2017年9月10日　初版発行

著者　荒川　龍

荒川　龍（あらかわ・りゅう）
1963年大阪生まれ。韓国の延世大学で1年間韓国語を学んでから帰国して大学卒業後、週刊誌の記者になる。米国人女優のニコール・キッドマンに米国ロサンゼルスで取材した際、ホテルのスイートルームで彼女に向かって両手を大きく広げて、「カモン、ハニーー！」と満面の笑みで伝えて、ハリウッド女優の爆笑を引き出したのが唯一無二の自慢。
著書に『「引きこもり」から「社会」へ』（学陽書房刊）、『レンタルお姉さん』（東洋経済新報社刊。NHK土曜ドラマ「スロースタート」原案。後に幻冬舎アウトロー文庫化）『自分を生きる働き方』（学芸出版社刊）がある。

発行者　佐藤俊彦
発行所　株式会社ワニ・プラス
〒150-8482
東京都渋谷区恵比寿4-4-9 えびす大黒ビル7F
電話　03-5449-2171（編集）
発売元　株式会社ワニブックス
〒150-8482
東京都渋谷区恵比寿4-4-9 えびす大黒ビル
電話　03-5449-2711（代表）
装丁　橘田浩志（アティック）
柏原宗績
DTP　有限会社　一企画
印刷・製本所　大日本印刷株式会社


ISBN 978-4-8470-6116-5
ワニブックスHP　https://www.wani.co.jp